大型活动志愿服务实务指南

北京志愿服务发展研究会／组织编写
张晓红　冯婧　信欣／编著

中国人事出版社

图书在版编目(CIP)数据

大型活动志愿服务实务指南 / 北京志愿服务发展研究会组织编写；张晓红，冯婧，信欣编著 . -- 北京 : 中国人事出版社，2023
ISBN 978-7-5129-1858-0

Ⅰ. ①大…　Ⅱ. ①北…②张…③冯…④信…　Ⅲ. ①志愿 - 社会服务 - 中国 - 指南　Ⅳ. ①D669.3-62

中国国家版本馆 CIP 数据核字（2023）第 072484 号

中国人事出版社出版发行
（北京市惠新东街 1 号　邮政编码：100029）
*
北京市白帆印务有限公司印刷装订　　新华书店经销
880 毫米 ×1230 毫米　32 开本　5.75 印张　116 千字
2023 年 5 月第 1 版　　2023 年 5 月第 1 次印刷
定价：50.00 元

营销中心电话：400-606-6496
出版社网址：http://www.class.com.cn

编写委员会

目 录

第一章
大型活动志愿服务基础知识

志愿者，如今已成为大型活动运行重要的常规保障之一，那么，大型活动志愿服务包括哪些基本类型？为什么大型活动志愿服务会吸引这么多志愿者参与？大型活动志愿服务对城市建设、社会建设有什么样的推动作用？本章主要介绍大型活动志愿服务的概念、类型、特点、价值和意义、发展历程等基础知识。

第一节　大型活动志愿服务的概念及特点

一、大型活动志愿服务的概念

（一）基本概念

1. 志愿者

根据国务院2017年颁布的《志愿服务条例》第二章第六条，志愿者是指以自己的时间、知识、技能、体力等从事志愿服务的自然人。从志愿服务自愿、无偿、有组织服务于社会公益的特点来看，中国自古就有被民间和文人墨客称为“任侠”“义士”，即见义勇为、扶贫济困的“志愿者”，有史料记载的志愿者行为最早可以追溯到3 000年前。当代中国志愿者是雷锋精神和“奉献、友爱、互助、进步”的志愿精神的践行者。在全球公益事业发展大潮中，新时代中国志愿者已经成为国际志愿服务重要的组成部分。联合国把志愿者定义为不以利益、金钱、扬名为目的，而是为了近邻乃至世界进行贡献的活动者，是指在不为任何物质报酬的情况下，能够主动承担社会责任、奉献个人的时间及精力而不关心报酬的人。

有学者认为，出于自愿，为社会的进步作出自己的贡献，通过奉献自我的时间和精力，满足建立于人道主义同情、社会责任感使命感之上的精神层次需求的人，可以被称为志愿者。他们参加志愿活动并不是为了追求回报，而是为了获得认可。《中国志愿服务大辞典》将“志愿者”从广义和狭义两方面进行定义。广义的志愿者包括自然人之外的人群及组织等志愿服务主体；狭义的志愿者是指在志愿服务组织登记，不以获得报酬为目的，自愿帮助他人和服务社会的个人。[1] 在香港特别行政区，志愿服务者普遍被称为“义工”。在台湾地区，志愿者被称为“志工”。

有些人片面地认为从事志愿服务工作是单方面的施予，或是把志愿者当作“廉价劳动力”。其实，每个人都有参与社会事务的权利，同样，每个人都有促进社会繁荣进步的义务及责任。参与志愿服务是表达这种“权利”及“义务”的积极和有效的形式。

---

[1] 北京志愿服务发展研究会 . 中国志愿服务大辞典［M］. 北京：中国大百科全书出版社，2014:1.

在服务他人、服务社会的同时，自身能力得到提高、完善和发展，精神和心灵得到满足。

2. 志愿服务

《志愿服务条例》定义志愿服务是“志愿者、志愿服务组织和其他组织自愿、无偿向社会或者他人提供的公益服务”。《中国志愿服务大辞典》从广义和狭义上对志愿服务进行了界定，广义上是指造福近亲属以外的他人（个人或团体）或环境的所有活动；狭义上是指无偿为非营利机构提供的工作，又称志愿工作（Volunteer Work）。[1]《联合国志愿者宣言》指出：志愿服务是个体为了增进邻人、社区和社会的福祉而进行的非营利、不支付报酬、非职业化的行为。志愿服务的表现方式很多，从传统的邻里互助到今天的为解除痛苦、解决冲突和消灭贫穷而进行的努力等都属于志愿服务。[2]

志愿服务是社会文明进步的重要标志。在不为物质报酬的前提下，人们自愿贡献个人时间和精力，为社会进步和社会福利事业而提供服务的活动都可以被看作是志愿服务。就社会建设的视角而言，志愿服务在社会建设中具有独特的扶助功能、疏导功能、教化功能和凝聚功能，是公民参与社会、服务社会的重要方式；它在促进政府与民众的沟通，提供社会服务、促进和谐社会建设方面发挥着重要的作用。[3]

---

[1] 北京志愿服务发展研究会．中国志愿服务大辞典［M］．北京：中国大百科全书出版社，2014:25.

[2] 魏娜．北京奥运会志愿者读本［M］．北京：中国人民大学出版社，2006.

[3] 刘伟华．大型活动中志愿服务的发展研究——以广州市番禺区为例［D］．长春：吉林大学，2011.

3. **志愿服务组织**

关于志愿服务组织的定义,《志愿服务条例》界定为:依法成立,以开展志愿服务为宗旨的非营利性组织。《中国志愿服务大辞典》将志愿服务组织从广义和狭义上进行了表述。从广义上讲,志愿服务组织就是指具有非营利性质、非政府性质和志愿性质的组织。联合国将志愿服务组织定义为,公民所成立的地方性、全国性或国际性的非营利、志愿性组织。它们以服务公共利益为工作导向,提供多元的服务,发挥人道的功能,将人们的需求传递给政府,监督政府行为,鼓励人们参与地方事务,并提供政策分析与专业技能,建构早期的预警机制,协助监督与执行国际协定。从狭义上讲,《北京市志愿服务促进条例》(2020)将其定义为"依法成立,以开展志愿服务为宗旨的非营利性组织"。需要说明的是,志愿服务组织(Voluntary Organization)、非政府组织(NGO,Non-Government Organization)、非营利组织(NPO,Non-Profit Organization)、第三部门(The Third Sector)以及我国通用的民间组织(Civil Organization)等概念,本书在不进行严格界定的情况下可以通用,都表示在政府与企业之外第三域中的那些社会组织。组织性、民间性、非营利性、自治性和志愿性等是志愿服务组织的特性。

有学者认为,志愿服务事业拥有多元化的发起主体,政府机关、企业、大中院校,乃至社区、农村都可以发起成立志愿服务组织,在组织内部或者面向全社会开展有特色的志愿服务活动。志愿服务组织大致可以分为五种情形:人民团体或政府部门的志愿服务组织,企事业单位内部的志愿服务组织,草根志愿服务组织,依托居住地的社区组织或者居委会建立的社区志愿服务组织，在民政部门登记的社会团体、基金会、民办非企业等组织。[1]

4. **志愿服务项目** [2]

志愿服务项目是指在一定的约束条件下（主要是限定时间、限定资源），以提供志愿服务为明确目标的一次性任务，往往由一系列独特的、复杂的并相互关联的志愿活动组成。项目与日常运作有着本质的区别，项目是一项独一无二的任务，而日常运作是连续不断、周而复始的重复活动。志愿服务项目除了一般志愿服务的自愿性、非报酬性、利他公益性和服务性之外，特别强调工作的时效性和服务的组织性，目标明确、有计划、有组织，是为特定的服务和成果所做的阶段性的志愿服务。例如，共青团中央（以下简称团中央）实施“大学生志愿服务西部计划”，派遣大学毕业生到西部地区乡村基层任职一到两年，根据当地需求开展志愿服务，服务对象明确，服务内容固定，服务目标清晰，有时间限制。

志愿服务项目的主要资金来源有政府财政、基金会支持、企业捐赠、服务收费等。各地政府购买公共服务项目中也有一些志愿服务项目，如《北京市政府购买社会组织服务项目指南》（2011 年，2012 年，2013 年）中就明确列有“社会志愿公益服务项目”。有些社会服务项目专业性不强且使用大量志愿者，这些项目实际上

[1] 丁元竹，等．北京志愿服务发展报告（2014）[M]．北京：国家行政学院出版社，2014:50-56.

[2] 北京志愿服务发展研究会．中国志愿服务大辞典 [M]．北京：中国大百科全书出版社，2014:29.

也可以算作志愿服务项目。不少志愿服务项目得到了基金会的支持，如友成基金会2012启动的“小鹰计划”、南都基金会提供资金支持的“中国专业志愿服务发展项目”（2012年启动）等。随着中央文明办2009年创立“中国志愿服务发展基金”，不少地方也创立了专门用于支持志愿服务发展的基金会，如“福建省志愿者公益基金会”和“羊城志愿服务基金会”等，这些专门基金会的设立对于志愿服务项目的策划与设施的建设必将起到重要推动作用。

（二）大型活动志愿服务的概念

“大型活动”是约定俗成的叫法，目前没有官方界定的概念。刘伟华指出，大型活动是指一项有目的、有计划、有步骤地组织众多人员参与的社会协调活动。一般由政府牵头，需耗费比较多的人力、物力和财力。[1]

国务院2007年颁布实施的《大型群众性活动安全管理条例》第二条规定，大型群众性活动，是指法人或者其他组织面向社会公众举办的每场次预计参加人数达到1 000人以上的下列活动：①体育比赛活动；②演唱会、音乐会等文艺演出活动；③展览、展销等活动；④游园、灯会、庙会、花会、焰火晚会等活动；⑤人才招聘会、现场开奖的彩票销售等活动。北京市人大颁布实施的《北京市大型群众性活动安全管理条例》规定，大型群众性活动（以下简称大型活动），是指租用、借用或者以其他形式临

[1] 刘伟华. 大型活动中志愿服务的发展研究——以广州市番禺区为例［D］. 长春：吉林大学，2011.

时占用场所、场地，面向社会公众举办的文艺演出、体育比赛、展览展销、招聘会、庙会、灯会、游园会等群体性活动。结合上述有关规定，可以认为，大型活动指的是按照有关法律规定，政府授权有关部门有目的、有计划、有步骤地组织、举办的由社会公众参与的社会公共活动，包括但不限于体育比赛、展会展览、文艺活动等。[1]

一般来说，大型活动志愿服务是指在大型活动举办前及举办全过程动员、组织志愿者参加大型活动的筹备、管理、运行等各项工作，从而确保大型活动顺利开展的服务工作。从这个概念中可以发现，志愿服务活动具有不以营利为目的的典型特征，只有以非营利性为目的的大型活动，才能招募志愿者参与大型活动的整个过程，并让志愿者发挥其重要作用，从而降低大型活动成本，进一步弘扬志愿服务精神。利用志愿者参与某些营利性的活动，则是滥用了志愿者的志愿精神、公益精神，从根本上违背了志愿服务活动的宗旨。

二、大型活动志愿服务的类型

（一）志愿服务分类

按照不同划分标准，志愿服务可以有不同分类。

1. 按志愿服务组织化程度分类

志愿者通过各种各样的组织参与志愿服务，包括为这些组织提供志愿服务和通过这些组织向第三方提供志愿服务，这被称为

[1] 张晓红，等．大型活动志愿服务组织与管理［M］．北京：中国青年出版社，2014:4.

有组织的志愿服务。一般来讲，此类有组织的志愿服务均有较为明确的工作目标和实施计划，对志愿者也有规范的管理举措，因而也可称之为正式志愿服务。与之相对应的，人们自发地付出时间，为周围人群、环境提供无偿的利他服务，不具备组织性，是个人意愿的志愿行为，此类志愿服务统称为非正式志愿服务。正式志愿服务已日趋成为我国现代志愿服务的主流，非正式志愿服务也是整个社会志愿服务工作的重要组成部分。

2. 按志愿服务受益对象分类

人们直接提供给受益对象（个人、环境、社区等）的志愿服务，被称为直接志愿服务。在直接志愿服务中，志愿者提供的服务直接作用于服务对象，与服务对象之间有直接接触，例如，为敬老院的老年人提供生活起居方面的照料，等等。与直接志愿服务相对，通过为志愿服务组织工作而间接服务于服务对象的志愿服务，被称为间接志愿服务。在间接志愿服务的过程中，志愿者付出的服务并不直接作用于服务对象，而是间接使服务对象受益。例如，在志愿服务组织中，协助整理志愿者资料档案，虽然没有直接使服务对象受益，但是通过间接提供服务，保证了志愿服务活动的顺利实施。

3. 按志愿服务内容分类

也可以说，这是按照服务内容所体现的专业性与专门性特点作出的分类。社会组织和个人自愿为老年人提供的无偿服务，被称为助老志愿服务。助老志愿服务是由志愿者向毫无血缘关系的老年人提供非营利的利他服务，是当代志愿服务活动中的一个重要组成部分。社会组织和个人自愿为残疾人提供的志愿服务，被称为助残志愿服务。助残志愿服务在协助残疾人康复、帮助残疾人就业等多方面日益发挥着重要作用，逐渐成为建立健全残疾人社会保障体系和服务体系的一项重要内容。志愿者及其组织在突发灾害事件的预防、备灾、紧急救援和灾后重建（恢复）阶段提供的各种非营利、无偿、非职业化的利他服务，被称为应急志愿服务。应急志愿服务要求志愿者必须接受相关专业知识的培训，从而能够有效弥补救援队伍的专业知识不足，成为政府救助资源的有效补充，节省经费开支，创造有益价值。社会组织和个人自愿无偿地为环境管理和环境保护奉献时间、精力和知识技能的服务，被称为环保志愿服务。其活动内容非常广泛，涉及环境监测、生态恢复、濒危动物保护、自然教育、环保宣传等各个方面，对推动环保事业发展、促进公众参与发挥了积极作用。志愿者为大型体育比赛提供的志愿服务称为“赛会志愿服务”。赛会志愿服务分为两种，一种是普通赛事志愿服务，志愿者主要从事秩序维护、后勤服务、场馆服务、环境整治、安全保卫、接待等工作；另一种是专业赛事志愿服务，志愿者主要从事语言翻译、竞赛配合、技术服务等工作。志愿者利用自己的医疗知识和技能无偿为他人提供预防、保健、诊断、治疗、康复、护理等医疗性服务的形式，被称为“医疗志愿服务”。医疗志愿服务的地点既可以在医院内部，也可以在医院外部。在面对流行病和自然灾害时，医疗志愿服务为当地卫生系统提供了大量的人员和技术支持，是促进社会福利更加完善及社会良性发展的必要条件。

4. 按志愿服务的需求状态分类

常态化志愿服务，即志愿者在正常状态下进行的志愿服务，它体现了志愿服务时时可为、处处可为、人人可为、事事可为的特点。如志愿者义务向民众普及生活小常识、自愿为民众进行健康普查、免费为民众进行家电维修等。志愿者在给民众的生产生活提供诸多便利的同时，也能够推动志愿服务的常态化发展。非常态化志愿服务即志愿者在非平常状态下进行的志愿服务，如大型活动志愿服务、应急志愿服务等。2008 年北京奥运会志愿服务、汶川地震志愿服务等均是非常态化志愿服务的典型代表，它能够在紧急或关键时刻为国家发展作出突出贡献。[1]

（二）大型活动志愿服务分类

早在 1996 年，团中央曾出台《关于青年志愿者为大型活动提供志愿服务的暂行规定》，明确规定允许招募、使用志愿者的大型活动的类型包括：国内举办的国际性大型文体活动；国际、国内大型会议活动；国内省级以上体育竞赛、文艺演出及其他大型文体活动；国内大城市举办的具有较大影响的单项文体活动。

近年来，博览会、重大庆典等活动的出现丰富了大型活动的类型，也丰富了大型活动志愿服务的分类。大型活动志愿服务依据活动的性质、领域等，可以进行多种分类，如图 1–1 所示。

---

[1] 张晓红，宋志强，潘春玲．志愿服务理论与实践［M］．北京：中国青年出版社，2019.

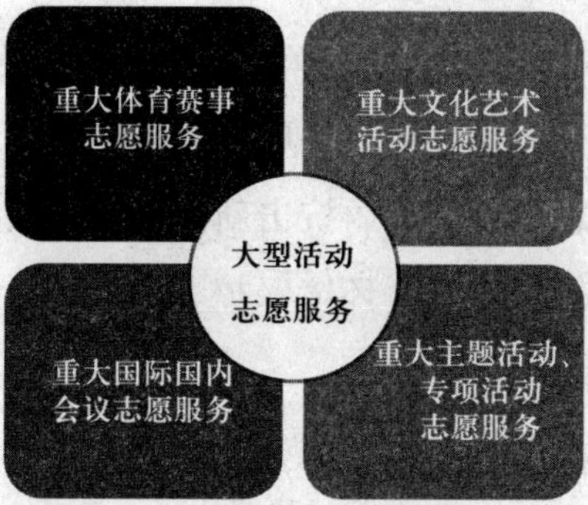

图 1–1　大型活动志愿服务分类

一是重大体育赛事志愿服务，包括国际性的综合性体育赛事、单项体育赛事，国家及省市级综合性体育赛事、单项体育赛事等重大体育赛事志愿服务，如 2008 年举行的北京奥运会、残奥会志愿服务项目，2010 年举行的广州亚运会志愿服务工作，2011 年举行的深圳世界大学生运动会志愿服务工作，2017 年举行的第十三届全运会志愿服务工作等。

二是重大文化艺术活动志愿服务，包括国际性的博览会，国家及省市举办的艺术节、电影节、旅游节、文化节等高档次、高品位文化艺术交流活动志愿服务，如 2013 年举行的北京园博会志愿服务活动，2019 年举行的北京世界园艺博览会志愿服务活动，以及连续几年在北京举行的奥运城市体育文化节志愿服务项目等。

三是重大国际国内会议志愿服务，既包括一些具有重大国际影响、能够代表国家形象的国际会议的志愿服务工作，如北京 2014 年亚太经合组织（APEC）会议、北京财富论坛、上海合作组织北京峰会等；也包括国家、省市举办的会议志愿服务工作，如每年全国“两会”期间的志愿服务工作。

四是重大主题活动、专项活动志愿服务，既包括庆典、仪式、游园、灯会等各种公益性重大主题活动，也包括赴国外志愿服务活动、捐献骨髓志愿者行动、抗击新冠肺炎疫情志愿服务，以及涉及扶贫济困、教育卫生、环境保护、社会应急等领域的专项活动。[1]

不同类型的大型活动志愿服务工作，在志愿者人员计划、服务岗位与内容、服务地点和时间、对志愿者的基本要求等方面都有差异。对大型活动志愿服务进行分类分析，不仅有利于进一步明确适合志愿者参与的大型活动类型，确保大型活动志愿服务的公益性；还有利于根据大型活动的不同类型开展志愿服务工作，提高大型活动志愿服务的规范化程度和专业化水平。

三、大型活动志愿服务的特点

（一）志愿服务特征

一般而言，志愿服务具有自愿性、无偿性、公益性和组织性四大特征。

1. 自愿性[2]

志愿者进行志愿服务必须是出于自愿选择，非受他人或外界的强制，这样才能使志愿服务与一般的国家机关或社会组织的职

[1] 兰宇新．大型活动中大学生志愿服务的机制建设研究［D］．上海：华东师范大学，2008.

[2] 陆士桢，张晓红，郭新保．北京志愿服务模式研究［M］．北京：北京出版社，2009:4.

务行为区分开来。虽然目前大多数的志愿服务活动都是由政府或社会组织发动的，但志愿者都是作为个人自愿参与其中的，在参与过程中始终保有选择是否参与的权利，因而是自愿的。志愿服务不能作为一种义务而强加于任何社会成员。自愿性是志愿服务区别于其他社会行为的首要前提。

2. 无偿性[1]

志愿服务的动机是非营利趋向的，不以取得物质报酬为目的，明显区别于追求个人利益最大化的经济行为。这就保证了志愿服务的本质是奉献社会、服务社会。当然，志愿服务的无偿性并不等同于完全没有补偿。在志愿服务过程中，志愿者需要投入一定的时间和精力，因此志愿者可以得到一些补贴，如交通补贴、餐饮补贴等。补贴在一定程度上可以弥补在志愿服务过程中的成本投入，但是补贴的价值实际上远远低于志愿者付出所应该得到的收入。

3. 公益性

志愿者最基本的动机是利他主义，即帮助他人，使社会生活更美好。公益性是志愿服务社会价值的最好体现。公共福利和社会公益是志愿服务的价值目标，也是衡量志愿服务的社会价值性和有用性的评判标准。但是，志愿服务的公益性并不代表志愿者参与志愿服务就是完全地给予。严格来说，志愿服务是一种助人自助的行为，在服务他人和社会的同时，志愿者个人在精神生活、实际能力、社会声誉等各方面都会得到提升。

---

[1] 陆士桢，张晓红，郭新保．北京志愿服务模式研究［M］．北京：北京出版社，2009:5.

4. 组织性

志愿服务体现的是一种人与人之间的社会关系。它不是个人生活的私人关系，而是在一定的公共空间和特定的人群当中互助或他助的关系。这也就意味着志愿服务一般都以有组织的、公开的、社会化的形式开展，而不同于那种邻里之间的互助，或者是日常生活偶尔为之的好人好事。

（二）大型活动志愿服务特点

总体来说，大型活动具有社会关注程度高、参与范围广、活动规格高、影响范围广、时间集中等特点，与此相适应，大型活动志愿服务也具有参与人数多、社会关注度高、服务要求高、影响范围广等特点。

1. 参与人数多

为了保证大型活动的质量和服务标准，因此需要大量的志愿者。具体分析发现，招募志愿者数量众多的原因大多是大型活动本身较为复杂，活动周期较长或服务对象较多。例如，2008 年北京奥运会期间共有 33 个竞赛场馆，此外还有指挥中心、奥林匹克中心区、运动员村等服务设施和非竞赛场馆，场馆相对分散，需要有大量的人力实现各场馆与设施间的联络工作，因此志愿者数量相对较多。

如今的大型活动中，志愿者服务对象越来越广泛，已经由之前的仅服务观众发展到服务其他大型活动客户群，主要包括以下几类：组委会大家庭贵宾（包括但不限于国际行业协会、联合会、主办地政府官员、赞助商的高层管理人员）、核心活动人员（体育竞赛以技术官员和运动员为主、展览展会博览会以参展代表团为主）、新闻媒体工作人员、观众或参观者以及普通参与人员、其他工作人员。实践中，大型活动组织规格越高，志愿者服务的对象就越广泛。

2. 社会关注度高

大型活动普遍社会关注度较高，大型活动志愿服务也具有标志性、展示性、带动性的显著特征，[1]从而使大型活动志愿服务也颇受媒体关注。例如，为期162天的2019年北京世界园艺博览会，开园期间共接待各类入园参观人员934万人次，共举办文化活动3 284场，吸引国际友人20万余人次。同时，志愿服务工作得到了各级各类媒体的广泛关注。中央电视台、经济日报、中国青年报、北京电视台、人民日报、北京日报、北京青年报、北京晨报、新华网、新浪网、搜狐网等媒体都报道了博览会志愿者工作。截至2019年10月9日，各类纸质媒体对志愿者独立报道210篇，新媒体宣传平台（微信平台+微博平台）报道584篇。

3. 服务要求高

大型活动规格高、影响范围广等特点致使社会各界对其关注程度十分高，这就对大型活动各个方面的工作提出更高的要求，也对大型活动志愿者要求更加严格。与一般志愿者相比，大型活动对志愿者能力要求更高、更全面，比如专业化程度、组织能力、语言能力等方面。因此，大型活动志愿服务应拥有一套比较健全的运行机制，对宣传动员、组织策划、招募选拔、培训教育、运

[1] 兰宇新．大型活动中大学生志愿服务的机制建设研究［D］．上海：华东师范大学，2008.

行管理、考核表彰等各个环节都有严格的制度规范。

4. 影响范围广

虽然大型活动从时间和空间上来看，具有一定的阶段性和区域性，但由于社会的广泛关注，其能够突破时间和空间的界限，在较长时期内具有深远的社会影响力。如 2008 年北京奥运会，不仅仅是在北京举办的一次体育赛事，还是提出“中国何时能够举办一届奥运会”百年后，在中国第一次举办的奥运会，对整个中国乃至全世界都具有重要的意义和影响。大型活动的这种“放大效应”，使志愿服务工作在社会范围内产生广泛的影响，提升了志愿服务的知名度，提高了志愿者的社会地位。

第二节　大型活动志愿服务的价值和意义

大型活动志愿服务的价值是研究大型活动志愿服务的意义所在。大型活动志愿服务的价值和意义以主体、客体及辐射面为研究维度，可以分为四个方面：一是对参与主体产生的精神价值影响；二是大型活动本身产生的经济价值和意义；三是大型活动志愿服务对社会客观产生的积极价值力量；四是大型活动志愿服务作为社会实践的形式，对志愿者本身产生的教育价值功能。[1]

---

[1] 兰宇新．大型活动中大学生志愿服务的机制建设研究［D］．上海：华东师范大学，2008.

一、大型活动志愿服务的精神价值和意义

道德是人类精神的自律，从道德层面上看志愿服务的意义正在于倡导和塑造新的精神价值。这种精神价值具体反映在了志愿精神上，联合国前秘书长科菲·安南在“国际志愿者年”启动仪式上的讲话中指出“志愿精神的核心是服务、团结的理想和共同使这个世界变得更加美好的信念。”这句话指出了志愿精神的本质。志愿精神概括起来是奉献、友爱、互助、进步。在回顾大型活动志愿服务的历史时，我们发现大型活动志愿服务具有重要的示范引领功能，是弘扬志愿精神的传播机、探索志愿项目的实验室、开展志愿活动的演练场，能够有效地宣传志愿服务理念，探索良好的志愿服务组织管理模式，培育高水平的志愿者队伍。

从对大型活动举办地的城市的影响看，大型活动志愿服务不仅能够从整体上推动志愿服务事业的发展，而且也是弘扬城市精神、展示城市形象的重要平台。每个城市都有自己的城市精神，除了当地政府、企业等之外，城市中的志愿者也是展示城市精神的一个重要窗口。例如，2008 年北京奥运会将志愿者工作与开展“迎奥运、讲文明、树新风”活动紧密结合起来，为把北京打造成一座充满人文气息的城市而努力；[1] 在 2020 年中国国际服务贸易交易会（以下简称服贸会）上，广大志愿者集中住宿、闭环管理，披星戴月、顶风冒雨，用微笑服务、专业服务再次擦亮北京志愿

[1]　兰宇新．大型活动中大学生志愿服务的机制建设研究［D］．上海：华东师范大学，2008.

者这张“金名片”，成为交易会主题“全球服务、互惠共享”的生动实践。志愿者在奉献社会、关注公共生活、肩负公共责任的同时，培育和践行了一种新的人文精神。人们在精神价值、道德取向升华的同时，也使这种归属于城市文明进步范畴的公共精神得以传承和发扬光大。

二、大型活动志愿服务的经济价值和意义

一方面，大型活动志愿服务能够有效降低大型活动的运作成本。已有数据表明，志愿服务带来了相当大的经济贡献，曾有专家在统计历次奥运会志愿者所创造的经济价值之后指出：奥运会志愿者创造的价值丝毫不亚于奥运会的一些主要筹资渠道。据统计，1996 年亚特兰大奥运会，有 6 万多名志愿者，节省经费约 1.3 亿美元。2000 年悉尼奥运会志愿者人数在 4 万人至 5 万人之间，澳大利亚体育管理学专家曾经为 2000 年悉尼奥运会的志愿服务算了一笔账，如果将该届的志愿者劳动时间折合成货币的话，他们所创造的价值高达 1.1 亿澳元，如果将志愿者的工作全由雇佣人员去完成，那么 2000 年悉尼奥运会的总预算将提高 4.5%。[1] 2008 年北京奥运会期间，各类志愿者累计服务时长超过 2 亿小时，以北京市统计局公布的当年北京市职工年平均工资 44 715 元为计算标准，将 2008 年北京奥运会各类志愿者的服务时长折合成工资，数额为 42.75 亿元。同时，2008 年北京奥运会志愿者工作培养和锻炼了一支专业化、国际化志愿者队伍，优化了

[1] 兰宇新．大型活动中大学生志愿服务的机制建设研究［D］．上海：华东师范大学，2008.

社会人力资源结构，在后奥运时期为经济社会发展积淀了厚重的人力资本。[1]

另一方面，志愿者为大型活动服务可以有效防止赛会组织机构臃肿、运作效率低下等风险，以相对优化、灵活的组织形式为赛会提供质量可控的服务，从而有效提高运作效率，降低活动的组织成本。例如，为筹办奥运会志愿者工作，北京在市、县两级分别成立了专门的志愿者工作协调小组，并依托共青团的组织网络体系，建立健全奥运会志愿者工作体系，既确保了大型活动志愿服务的制度化、规范化，又提高了运作效率，同样也降低了活动的组织成本。当然，必须明确的是，组织志愿者参与大型活动的首要目的，并不在于节约运营成本，而在于动员公众参与社会事务，在更大程度上开发社会资源。[2]

三、大型活动志愿服务的社会价值和意义

志愿服务是社会发展到一定阶段的产物，是社会文明程度、公民素质高低的重要衡量指标之一。诸如奥运会、世博会、亚运会等大型活动在国内外均享有广泛的影响力，往往成为城市展示自我形象的重要窗口。因此，大型活动志愿服务承担着展示市民文明素质、塑造良好城市形象的重要使命。例如，自 2006 年以来，北京志愿者协会推出“微笑北京”活动，倡导广大市民和志愿者每天多一些微笑，养成微笑的习惯，以自己的微笑，表达真

[1]　魏娜 . 2008 北京奥运会、残奥会志愿者工作成果转化研究［M］. 北京：中国人民大学出版社，2010.

[2]　张晓红，等 . 大型活动志愿服务组织与管理［M］. 北京：中国青年出版社，2014:21.

心关怀，在给他人和社会带来快乐和温暖的同时，提高自身的文明素养。又如，“延庆乡亲”是北京市延庆区近几年形成的规模最大、最具影响力的志愿服务力量和品牌，由千人找差团、文明引导员、墨墨祝福、登山协会、自行车协会、青少年以及团员青年等多股志愿服务力量整合而成。2019 年 4 月至 10 月世界园艺博览会举办期间，4 000 余名“延庆乡亲”城市志愿者在园区外的 107 个城市志愿服务站点为游客开展交通引导、秩序维护、信息咨询等方面的志愿服务。其后，“延庆乡亲”志愿者又投身备战北京 2022 年冬奥会志愿服务工作，“延庆乡亲”已成为首都又一个金牌志愿服务品牌。

从社会治理的角度看，在治理体系和治理能力现代化进程中，市场活动和政府活动是需要强有力的社会保障和支援的。这种保障与支援需要充分调动社会资源，而志愿组织的存在是政府和市场功能的重要补充，它们以独特的方式在大型社会活动等公益事业中提供了大量的服务，推动经济发展和社会进步。党的十六届六中全会通过的《中共中央关于构建社会主义和谐社会若干重大问题的决定》提出“以相互关爱、服务社会为主题，深入开展城乡社会志愿服务活动，建立与政府服务、市场服务相衔接的社会志愿服务体系”。《中华人民共和国国民经济和社会发展第十一个五年规划纲要》提出“支持志愿服务活动并实现制度化”。要从全局和战略的高度，充分认识志愿服务在社会治理中的重要作用。志愿服务正在成为现代社会危机预防、危机应对、危机保障等社会应急机制方面的重要建设力量。

四、大型活动志愿服务的教育价值和意义

大型活动志愿服务能够将分散的道德理性和道德热情融入规范化、制度化的服务体系中，是提高志愿者（特别是青年志愿者）思想道德素质、辐射带动整体国民素质提升的有效载体。大型活动志愿服务不仅锻造着青少年尚在成型之中的世界观、人生观及价值观，甚至还改变了很多成年人的价值观念。

通过参与大型活动志愿服务活动，志愿者增加了社会阅历，磨炼了意志品质，把服务他人、服务社会与实现个人价值有机结合起来，在做好事、献爱心的过程中陶冶情操、提升境界，有利于倡导爱国、敬业、诚信、友善等基本道德规范，提高公民思想道德素质，把建设社会主义核心价值体系的任务落到实处。以2008年北京奥运会为例，志愿服务改变了整个社会对青年一代的评价，让全世界对中国的青年一代有了更深一层的了解。在奥运会开幕后的第二天，韩国媒体《朝鲜日报》就提出“鸟巢一代”的概念，指代在奥运会志愿服务行动中勇于担当、微笑服务的青年志愿者。

与此同时，以大学生为主体的青年志愿者群体尚未真正踏入社会，难免在服务水平、综合素质、社会经验及实践能力等方面存在不足。志愿活动的实践性，使青年志愿者走出了课堂，走出了刻板的理论条框，避免空洞的言谈和说教，把服务理念变成行动事实。通过志愿服务可以让志愿者在工作培训、专家论坛、现场观摩、青年志愿者工作研讨会中，学习到志愿者工作的相关知识，在提高大型活动中大学生志愿服务的机制建设研究工作水平和质量的同时，还能调动志愿者本人的积极性，提高大学生志愿

者的综合能力。[1]

大型活动志愿服务对于普通市民也有着重要的教育作用。在2008年北京奥运会举办前后，很多北京市民都有这样的感受，那就是北京市民的社会公德意识和文明素质有所提升。这一感受在社会调查中也得到了印证，据中国人民大学人文奥运研究中心自2005年开展的调查显示，北京市“市民公共行为文明指数”连续4年上升，2005年为65.21，2006年为69.06，2007年为73.38，2008年北京奥运会比赛期间进一步上升到82.68。这充分说明大型活动志愿服务不断提升公民公共文明素质，一种团结、互助的良好社会氛围正在形成之中。

第三节　大型活动志愿服务发展趋势

一、大型活动志愿服务的发展历程

（一）大型活动志愿服务的发端（见图1-2）

中华民族素来就有助人为乐的传统美德，志愿服务在中国具有深厚的社会文化基础。在1963年3月5日毛泽东主席等中央领导人题词，发出“向雷锋同志学习”的伟大号召后，每年的3月5日成为“学雷锋纪念日”。20世纪60年代兴起的学雷锋运动，更是进一步推动全社会形成一种互相关爱、互帮互助的良好社会风气。倡导“奉献、友爱、互助、进步”精神的志愿服务，在其

[1]　兰宇新．大型活动中大学生志愿服务的机制建设研究［D］．上海：华东师范大学，2008.

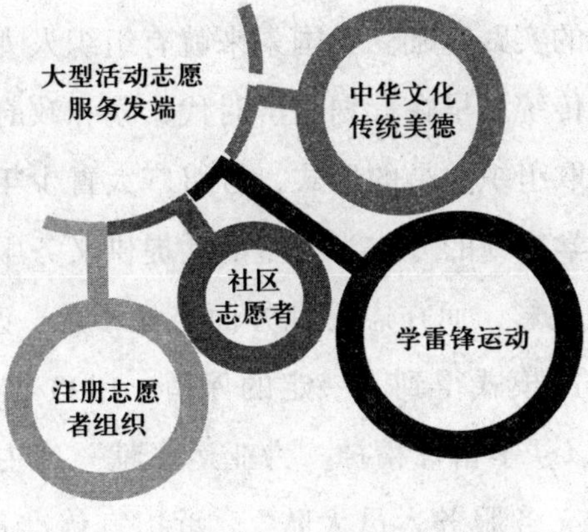

图 1-2　大型活动志愿服务的发端

发展初期，是与“全心全意为人民服务”的社会主义道德理想以及“学雷锋、做好人好事”的社会现象融合在一起的。在某种程度上，可以说是学雷锋运动的延续。到了 20 世纪 80 年代中后期，在学雷锋运动的基础上，我国出现了志愿服务的发端。例如，1989 年，天津市和平区新兴街道成立了全国最早的志愿服务组织——新兴街道社区服务志愿者协会。1990 年，为了服务外来务工人员、维护他们的合法权益，深圳团市委开通了“热线电话”和“热线信箱”，并且借鉴香港地区志愿服务发展经验，成立我国第一个正式注册的志愿服务社团——深圳市义务工作者联合会。经过团中央的推广，中国青年志愿者行动接力学雷锋运动，成为新时期开展思想政治工作、加强精神文明建设的重要工作平台，等等。

与志愿服务发端相似，虽然为大型活动提供志愿服务是国际通行的做法，从 20 世纪 60 年代的罗马奥运会开始，志愿服务就已经成为奥运会的重要组成部分，但是我国的大型活动志愿服务仍然有着自己的实践基础。我国素来就有组织人力为大型活动提供义务服务的传统。早在计划经济时代，党和政府举办大型活动时，常常会采取组织动员的形式，号召广大青少年、共产党员以义务劳动或者学雷锋的方式为大型活动提供义务服务，具有浓厚的行政推动的色彩，而在志愿性方面略显不足。改革开放以后，这种义务服务的模式得到了一定的保留。1990 年 2 月，首都近 4 万名大学生以“学雷锋精神，为亚运奉献”为主题，成立“首都高校亚运会义务服务人员大队”，承担宣传准备、环境整治、会务服务、文体表演等服务工作，这不仅保证了在京举行的第十一届亚运会的圆满成功，更是奠定了志愿服务服务大型赛会的传统，开启了大型活动志愿服务的新征程。此后，随着志愿服务理念进一步传播，志愿服务开始逐渐进入大型活动领域。[1]

（二）大型活动志愿服务的发展

在组织大型活动过程中，组织方不再采取行政动员的方式，要求群众、党员通过义务劳动提供服务，而是采取自愿报名的方式选拔人员，组建大型活动志愿服务队。1992 年，第三届全国残疾人运动会在广州举办，组织方大胆创新，由团市委和残联共同招募 250 名青少年组建“广州共青团义工服务志愿队”，为参加这次运动的残疾人运动员提供接待服务。1994 年在北京召开的第六届远南运动会上，组织方正式使用了“志愿者”的概念。至此，

---

[1] 张晓红，等．大型活动志愿服务组织与管理［M］．北京：中国青年出版社，2014：14.

在举办大型活动时招募志愿者提供服务逐渐成为通行的做法，在全国推广开来。

从20世纪90年代起，在团中央自上而下的推广下，在全国范围内掀起一股青年志愿者行动的高潮。各级团组织动员和组织广大青年紧紧围绕党政工作大局，立足人民群众生产生活基本需求，在城市社区服务、农村扶贫开发及社会公益事业等领域，开展了形式多样、富有实效的志愿服务活动，进一步推动我国志愿服务事业的全面发展。通过卓有成效的组织建设、机制建设，全国绝大部分县市都成立了专门的志愿服务组织，逐步形成了一整套完整的宣传、动员、招募、管理、保障、奖励的志愿服务工作机制，部分省市进行了志愿服务立法，志愿服务发展呈现规范化、法制化趋势。伴随志愿者规模的壮大，大型活动志愿服务也迎来发展高潮，组织志愿者积极为国内、国际大型活动提供服务成了青年志愿者行动发展的重要领域。例如，北京志愿者协会先后组织志愿者为第三届远南运动会、第四届世界妇女大会、新中国成立50周年庆典、迎接香港澳门回归、迎接新世纪、北京申奥、第21届世界大学生运动会等多个国际国内大型活动提供热情、周到、高效的志愿服务，受到海内外的广泛赞誉。而在天津、上海、云南、西藏、陕西等地举办的大型活动中，也都有青年志愿者的独特贡献。

团中央在总结全国各地大型活动志愿服务经验的基础上，召开过相关的交流表彰会议。同时，为进一步规范大型活动志愿服务，更好地动员、组织青年志愿者为大型活动提供服务，团中央在总结北京、广东、上海等地相关经验的基础上，专门下发文件对大型活动志愿服务的开展给予指导，明确青年参与大型活动志愿服务的重要意义，并对大型活动志愿服务的具体流程作出规定。相关指导性文件指出，大型活动志愿服务主要内容包括维护交通、保护环境、宣传发动、信息处理、后勤保障和部分行政工作；国际性活动中的翻译、引导陪同工作；比赛竞赛中的拉拉队等，还进一步明确大型活动志愿服务主办方在招募、管理、培训、评估、奖励等方面的职责，为推动大型活动志愿服务的全面规范发展提供明确指导。[1]

二、大型活动志愿服务的现状

（一）志愿服务体系逐步完备

2008 年北京奥运会志愿服务的巨大成功，得到了国内外机构的高度好评，其相关经验也迅速在国内外得到推广，上海世博会、广州亚运会、深圳大运会、济南全运会等全面借鉴了 2008 年北京奥运会的先进经验。2008 年北京奥运会所形成的大型活动志愿服务的“北京模式”逐步发展成为大型活动志愿服务的普遍模式。伴随着 2008 年北京奥运会、2010 年广州亚运会与 2011 年深圳大运会等大型活动在我国不同一线城市的成功举办，我国的志愿服务工作取得了长足的进步，大型活动志愿服务从筹备、策划、组织、招募、选拔、培训与管理等方面都建立起科学、合理、有序的工作机制，为大型活动的举办提供了优质、高效的志愿服务。志愿者在大型活动举办期间要为运动员、裁判员、技术官员、记者、观众等不同人群提供包括接待、医疗、翻译、赛场场馆管理、

[1] 张晓红，等．大型活动志愿服务组织与管理［M］．北京：中国青年出版社，2014:15.

礼仪、训练比赛、咨询联络、安全保卫等志愿服务，工作复杂而多变，导致志愿服务的难度增大。随着体育赛事规模在不断变大，对志愿者的数量要求也会越多，如何在赛前合理规划、赛中有效组织与赛后安全解散是志愿服务管理面临的新型难题。只有在志愿者招募、遴选与培训过程中向他们灌输志愿服务理念及进行科学化的组织管理，才能充分发挥志愿者的聪明才智，确保大型活动的成功举办。

（二）人力资源充沛

志愿服务本身是一种群体行为，在我国，志愿者在人力资源的数量上具有明显优势。据调查显示，我国 15 岁以上的人口约占到总人口数的 80%，这就意味着，全国有能力参与志愿服务的人员是相当充足的。而且随着教育水平的提升，我国的人口素质得到了普遍提升，因此，能够为赛事服务提供大量的高素质人员。与此同时，随着中国日益走向国际化，愈发地开放包容，大型活动志愿者的构成也呈现出多样化的特点。2008 年北京奥运会，赛会志愿者队伍以北京高校学生为主体，同时广泛吸纳北京市民、其他全国各地各民族群众、海外华侨华人和国际友人等。我国政府在 1990 年北京亚运会举办期间，召集了北京市 20 万人的义务服务队伍，投入到亚运会的志愿服务中去，标志着我国大型体育赛事志愿服务的正式起步。2008 年北京奥运会期间，志愿者人数为历届奥运会人数之最，达到了 170 万人。在 2008 年北京奥运会 170 万名志愿者中，共分为三种类型：赛会志愿者、城市志愿者和社会志愿者。在 2008 年北京奥运会开幕式上，国际奥委会主席罗格的致辞中也表达了对志愿者的感谢：当我们把奥林匹克梦想变成现实之时……我们还要特别感谢成千上万、无私奉献的志愿者们，没有他们，这一切都不可能实现。也因此，每一届奥运会闭幕式上，都会有对优秀志愿者服务的奖励环节，充分表达对志愿者服务价值的嘉奖。

（三）以高校大学生为主体

大型活动志愿服务对高校大学生积累社会经验大有裨益。近年来，高校大学生已然成为大型活动志愿服务的支撑力量，起到了不可或缺的作用。在2008年北京奥运会期间，大学生志愿者人数占到了赛事志愿者的80%；2019年年初，北京世园会志愿者招募工作开始后，北京市47所高校参与到志愿者招募工作当中。北京世园会志愿者队伍以高校学生为主体，相关学校经授权，通过团体报名方式，按照世园会执委会确定的资格条件，分阶段招募志愿者并建立相应的培训、组织、管理体系，以学校为单位接受世园会执委会分配的任务；在2020年服贸会中，北京团市委牵头的志愿者服务组共招募来自27所高校和朝阳区团委的1 300名青年志愿者为核心展区、新闻中心、媒体酒店、驻地酒店、首都机场、大兴机场等地的89个岗位提供志愿服务。不难看出，大学生志愿者已经成为大型活动志愿者的生力军。

（四）政府部门统筹管理

我国志愿服务体系的发展道路与西方国家并不相同。西方国家志愿服务事业的启动因素来自社会生活领域，先由民众自发地形成志愿者、志愿组织，整个社会志愿服务体系是自下而上启动的。而在我国，不论是志愿服务事业，还是其相关的“学雷锋”活动，都是由政府提倡和发起的，大型活动志愿服务也具有这样的特征。目前，我国在大型活动志愿服务的宣传、招募、培训、组织、管理等方面，政府是主导力量。大型活动，特别是体育赛事志愿服务的活动在最大程度上得到了来自政府部门的政策支持和物质支持。由于政府部门具有强大的号召力和权威性，大型活动志愿服务活动能够迅速得到广大民众的积极响应与配合。强大的政府功能保证了志愿服务的纯洁性和公益性，民众可以全身心地投入到志愿服务活动中。

三、大型活动志愿服务的展望（见图 1–3）

图 1–3　大型活动志愿服务的展望

（一）大型活动志愿服务常态化

在志愿服务发展历程中，从当初只有少数大型体育赛会才招募志愿者，到现在大型活动都开始招募志愿者；从最初的大型活动志愿服务的参与人员只有少数，到如今志愿者的报名人数纷至沓来甚至成立专门的志愿者管理部门，可以说，现在的大型活动志愿服务的发展已经进入了常态化阶段。

在大型活动中充分发挥志愿者的奉献精神、人力资源的优势，保障大型活动的正常运行和圆满举办，已经成为党政领导、社会各界共识。这几年，中央和各地颁布了推进志愿者服务的常态化的政策法规，将大型活动作为志愿者服务工作的重要内容。

2007 年颁布实施、2020 年修订完善的《北京市志愿服务促进条例》明确提出，鼓励和支持志愿服务事业的发展，提倡在教育、科学、文化、卫生、体育、环境保护等领域和大型社会活动中开展志愿服务活动，将大型社会活动作为志愿服务的重要领域，为 2008 年北京奥运会志愿者项目、北京园博会志愿者项目的运行提供了法律依据。

从市民的热情程度和参与程度来看，大型活动志愿服务已然成为社会公众参与志愿服务的主要方向。调查显示，大多数人首次成为志愿者都是在大型活动当中，当然大型活动也是志愿者的首选。这充分表明大型活动志愿服务已经趋于常态化。

（二）大型活动志愿服务制度化

近年来，推动志愿服务制度化成为从中央到地方，再到普通志愿者发展志愿服务的共同努力方向。2014 年 2 月，中央文明委专门下发《关于推进志愿服务制度化的意见》，明确提出坚持把开展志愿服务与创新社会治理结合起来，与学雷锋活动结合起来，大力弘扬“奉献、友爱、互助、进步”的志愿精神，建立完善长效工作机制和活动运行机制，积极构建中国特色志愿服务制度，推动志愿服务活动广泛深入开展，营造我为人人、人人为我的良好社会风尚。

文件中提到关于推进志愿服务制度化的具体举措，包括规范志愿者招募注册、加强志愿者培训管理、建立志愿服务记录制度、健全志愿服务激励机制等，在大型活动志愿服务过程中都有所体现。以北京园博会志愿者项目为例，在志愿者招募方面，依托准确的志愿者需求评估，建立了社会化动员与高校定向动员相结合的志愿者招募方式；在志愿者培训方面，创新“五位一体”的志愿者培训模式，充分考虑志愿者来源、时间安排、自身需求等因素，实现“一网、一书、一课、一营、一岗”互相补充，充分利用多种培训载体，最大限度地让每名志愿者都能通过最合适的方式接受培训。[1]

大型活动志愿服务制度体现了招募、培养、日常管理的规范，同时体现了政府和社会的制度要求，政府必须通过立法保证志愿者的系统管理和规范使用。在此基础上，明确规定大型活动志愿服务的宣传、动员、招募、选拔、训练、日常管理等各种各样的事项，推动大规模活动的服务规范的发展。

（三）大型活动志愿服务专业化

大型活动的志愿服务的专业化发展，是近年来志愿服务在整个社会广泛传播、发展后的另一个重要倾向，随着社会各界参加志愿服务的热情不断提高，很多的专业人才也加入志愿服务活动中，特别是大型活动的志愿服务。

以 2008 年北京奥运会的志愿者项目为例，这种大规模的国

---

[1] 马子闻，韩松，王松涛 . 大型赛会志愿服务激励质检机制的创新研究——以第九届中国（北京）国际园林博览会志愿服务为例［J］. 华中师范大学学报，2015（03）.

际盛会，对志愿者的专业素质提出了特别高的要求。北京奥运会、残奥会的志愿者约 10 万人，贵宾接待语言服务、车辆驾驶、媒体运营、竞争组织、医疗服务、体育展示及授奖礼仪、住宿服务、安全检查等专业志愿者在所有赛会志愿者中占了一半。

在奥运会之后，从广州亚运会、北京园博会等大型赛会对志愿服务的需求来看，专业志愿者的需求变得越来越大，特别是在语言服务、紧急保障等领域需要专业的人才参加。

（四）大型活动志愿服务人性化

越来越多大型活动志愿服务重视志愿文化建设，通过人性化的制度及举措加强了对志愿者的人文关怀，营造了浓厚的志愿文化。例如，北京园博会在志愿文化建设领域走出了一条创新之路。园博会志愿者有专门的文化标识体系，园博会志愿者吉祥物是一只可爱的小蜜蜂，它辛勤快乐地在园林和花丛中提供志愿服务，志愿者被亲切地称为“小 V 蜂”。北京园博会在组织动员方面也体现了较强的人文化、人性化。传统大型赛会志愿服务一般通过组织动员途径，由高校或者其他组织进行一对一排班，志愿者岗位类型、工作地点、服务时间等均没有选择余地。北京园博会在志愿者上岗前 10 天通过网络平台将岗位开放给所有志愿者自由选择，包括时间安排、岗位喜好、个人特长、人岗匹配度等各个方面，充分尊重和保护了志愿组织和志愿者的自主意愿，而这种人性化正是现代志愿服务的发展方向。

第二章
大型活动志愿服务筹备阶段

大型活动的举办，是一项系统工程，往往会涉及不同层面、不同领域、不同部门的工作，需要调动的资源广泛，需要协调的事务众多。因此，为了保证大型活动顺利完成，往往需要设立临时性、专门性的工作机构，负责大型活动各项工作的推进。要做好大型活动志愿服务工作，必须在大型活动的整体组织和实施框架内，精心筹备设立专门的志愿者管理部门，认真做好大型活动志愿服务的项目设置与规划，对所需志愿者进行供求预测，制定系统的志愿者管理政策与措施，以满足大型活动对志愿者的需求，广泛开展大型活动志愿服务宣传动员，确保大型活动志愿服务顺利实施。

第一节　设立大型活动志愿服务组织

一、成立大型活动志愿服务协调机构

在整个大型活动志愿服务的组织实施过程中，组织机构处于

核心关键的“中枢”地位，关系到整个大型活动志愿服务的工作效率。筹备设立大型活动志愿服务的组织机构是开展大型活动志愿服务的首要环节。[1] 事实上，在大型活动中引进志愿服务、使用志愿者是近年来才出现的，设立专门组织协调大型活动志愿服务的组织机构，也是新近才形成的做法。这样的组织机构能够满足以下几个需要：

一是保证大型活动志愿服务顺利推进。大型活动志愿服务具有一定的短期性、临时性，需要在一定时期内完成志愿者的规划动员、招募录用、培训开发、管理、激励保障、表彰等各个环节的工作，时间紧、工作量大。与此同时，有的大型活动场地分散、服务群体多样化，志愿者的使用会分散到各个部门、各个岗位，相对较为分散、职能相对辅助，需要设立专门的组织机构，用于加强整理人力、物力、财力等各项资源的力度，加强与大型活动组委会其他部门的沟通协调，保证大型活动志愿服务各项工作的顺利推进。例如，北京世园会成立了世园会执委会志愿者工作组，主要负责世园会园区、城市、社会志愿者的招募、宣传、培训、管理与表彰等方面的工作，由分管志愿者工作的市领导任组长，团市委书记任副组长，团市委、市委宣传部、市委教工委、首都精神文明办、市教委、市学生联合会、市志愿服务联合会、北京世园局、延庆区作为成员单位。由北京团市委抽调专人专职负责世园会志愿服务各项工作，做好志愿者招募、选拔、培训、住宿、交通、物资保障、宣传以及党团活动等方

[1] 张晓红，等．大型活动志愿服务组织与管理［M］．北京：中国青年出版社，2014:30.

面服务。

二是提高大型活动志愿服务工作效率。志愿服务的产生与发展，在很大程度上弥补了市场机制以及政府机制在向社会公众提供公共产品等方面存在的“市场失灵”或“政府失灵”等问题，具有反应迅速、灵敏，社会动员能力强大等特点。在大型活动中使用志愿者，与使用市场机制或行政机制招募人力资源或调配人力资源相比，能够在短期内通过社会机制动员大量志愿者参与其中，有效满足大型活动对人力资源的巨大需要，具有得天独厚的优势。[1]例如，2020年服贸会成立了志愿者服务组，服务组根据不同工作阶段的特点，从实施筹展期以办公室统辖综合、招募培训、运行管理、保障激励、宣传的“一办五组”运行机制，无缝转接到正展期以志愿者之家为阵地，结合医疗等各职能需求的“一办八组”运行机制，形成了上下贯通、整体联动的工作格局，极大地提高了志愿服务工作效率。

三是加快整个社会志愿服务事业的发展。从大型活动志愿服务的发展历史来看，大型活动志愿服务的组织协调管理机构设立与否，其工作效率的高低，在一定程度上决定了大型活动中志愿者参与的程度、发挥的效能。20世纪90年代末，由于并没有在大型活动组织机构中设立专门的志愿服务组织机构，很多大型活动中，志愿者的参与都是零星的、小规模的。而近几年来，在2008年北京奥运会、上海世博会、广州亚运会、第十三届全运会等大型活动中，都专门成立了志愿者工作部门，加强对志愿者的

[1] 张晓红，等. 大型活动志愿服务组织与管理［M］. 北京：中国青年出版社，2014:45.

统筹使用、动员管理。在这些大型活动中，志愿者的参与规模巨大，工作能力有目共睹，社会影响也较好。我们不难发现，从最初零星使用少数志愿者，到最终将志愿者纳入整体的工作规划，再到成立专门的志愿服务组织机构，志愿者已经成为以奥运会为代表的大型活动不可或缺的重要组成部分，志愿精神已经成为奥运精神的一部分，这在客观上也推动了整个社会志愿服务理念的深入人心，助推了整个社会志愿服务事业的提升。

二、设置组织机构

大型活动志愿服务组织机构的设置，与大型活动的周期、规模、志愿者需求人数等有很大的关系。一般而言，规模较大、周期较长、志愿者需求量较大的大型活动，往往会设立常设性的志愿服务组织机构，而规模较小、周期较短、志愿者需求量较小的大型活动，则可能将整个大型活动志愿服务的筹备、规划、实施等工作外包，委托专业的志愿服务组织承担。具体而言，大型活动志愿服务组织机构的设置，有常设型、临时组建型和委托外包型三种模式，每种模式都各具特色和优势。

（一）常设型志愿服务组织机构

对于那些规模大、周期长、志愿者需求量大的大型活动而言，设立常设型志愿服务组织机构，有利于提高大型活动志愿服务的运作效率，确保志愿者与岗位之间有序衔接、平稳运转。不过，常设型志愿服务组织机构往往需要投入专门的人力、物力、财力维持运转，会在无形之中提高大型活动的运营成本，如果运作不当，还可能面临机构臃肿、效率低下等管理问题。诸如奥运会、世界杯等全球性的大规模赛会，都会常设志愿服务组织机构。这些活动需要大量志愿者，倘若没有常设型的机构负责志愿者的招募、培训、管理等，很可能导致志愿服务工作的无序混乱。遵循国际惯例，同时也充分吸收了我国举办大型活动设立群众工作部的经验，2008 年北京奥运会、上海世博会、深圳大运会等大型活动的筹办过程中，都在大型活动筹委会或组委会设立了常设型的志愿服务组织机构，作为筹委会或组委会的组成部门。以 2008 年北京奥运会为例，北京奥组委志愿者部作为常设型机构，在奥组委内部对接相关职能部门、赛会场馆，整理汇总奥运会对志愿者的需求；在外部则对接北京市相关政府部门、团中央、外交部、高校等部门，构建志愿者的招募、培训、管理机制，较好地发挥了志愿服务工作的“中枢”职能，确保奥运会、残奥会志愿者工作稳步推进、圆满成功。志愿工作专项组织机构对整个赛会志愿服务工作进行筹备规划，与相关部门协调整合各种资源，稳步推进志愿者的招募、选拔、培训、管理、激励等各项工作，为赛会的顺利进行发挥了重要的作用。

（二）临时组建型志愿服务组织机构

对于部分时间周期较短、志愿者需求量却大的大型活动而言，设立常设型的志愿服务组织机构不太实际，却可以短期内临时抽调人员、调配资源，设立临时组建型的志愿服务组织机构，抽调政府部门、社会组织、企业工作人员组成临时型的机构，在一段时间内集中精力完成大型活动志愿服务的筹备、运作等各项工作。临时组建型的志愿服务组织机构，既能满足短期内的数量巨大的人力资源需求，顺利完成大型活动志愿服务工作，又不会给大型活动额外增加运营成本，不失为一种经济实惠的模式。不过，由于这样的组织机构都是临时抽调不同部门的工作人员组成，难以形成一致的组织文化，如何增强临时组建型志愿服务组织机构的凝聚力，值得大型活动志愿服务组织者进一步思考。例如，北京首届世界武搏运动会设立了群众工作部作为志愿服务工作的组织机构，武搏运动会群众工作部不同于奥运会志愿者部，不具有独立的编制，没有配备专职工作人员，也没有专门的组织制度，是武搏运动会赛时指挥部和运动会组委会抽调北京团市委、北京市教委、北京市志愿者联合会相关人员组成的临时型机构。但是，作为志愿服务工作的组织机构，群众工作部完成了志愿者选拔、培训、管理、保障等工作，并按照各部室的要求派出志愿者；在武搏运动会后备观众工作领导小组的领导下，协调各有关单位开展好后备观众的组织工作；组织城市志愿者在重点区域继续广泛开展志愿服务活动，积极营造良好的社会氛围。

（三）委托外包型志愿服务组织机构

有些大型活动的时间短、志愿者需求量小，没有必要设立专门的志愿服务组织机构，便可以将整个志愿服务工作打包外包，委托专业的志愿服务组织承担，这样既能够顺利完成大型活动志愿服务工作，又不会给大型活动造成太高的运营成本。随着大型活动志愿服务愈发成熟，组织机构的设置也呈现出由组织化运行向社会化运行的创新趋势。这些大型活动更多地寻求与社会机构的合作，实行委托或者授权的方式。需要注意的是，在这种组织设置模式中，专业志愿服务组织与大型活动的组织方之间不是上下级隶属关系，而是合作关系，必须加强对接，防止出现信息不对称、监管缺失、服务存在空白领域等问题。[1]

三、明确组织机构职责、分工、权限

大型活动志愿服务组织机构成立后，首要工作是规划。具体来说，规划应涉及几项基本内容：人员计划（指志愿者总数）、人员点计划（指一个岗位多名志愿者轮流服务）、业务口（指志愿服务对象的类别）、岗位，明确大型活动志愿服务组织机构的职责与权限，以及在大型活动组织机构中的分工，制定大型活动志愿服务运作的相关制度，保证各项后续工作平稳有序推进。

在大型活动的筹办过程中，志愿服务组织机构应当明确自身的职责所在，既不能超越自身的权限，过多地干涉大型活动运行，也不能因为其开展工作的志愿性，而放弃履行最起码的义务。具体而言，大型活动志愿服务组织机构的职责，主要围绕志愿者的规划、动员、招募、培训、管理、激励、表彰等各个环节展开，根据大型活动的性质和规模的差异，具体的职责也有不同。例如，2008 年北京奥运会志愿者工作的领导组织系统庞大、管理主体多元、管理目标立体多维、管理过程动态多变，这都对奥运会志愿者的筹备规划，尤其是相关管理主体的职责分工提出了很高的要求。针对 2008 年北京奥运会志愿者工作项目众多的特点，在 2008 年北京奥运会志愿者工作协调小组的统一领导下，北京团市委、北京奥组委志愿者部在职责上进行了相应的分工，确保各项工作稳步推进。北京团市委主要负责协调并指导开展城市志愿者、

[1] 张晓红，等. 大型活动志愿服务组织与管理［M］. 北京：中国青年出版社，2014:36.

社会志愿者、拉拉队志愿者工作。北京奥组委志愿者部的工作职责则包括：第一，负责研究制定前期志愿者、赛会志愿者工作的基本原则、政策、制度、标准、程序、运行计划等；第二，开展前期志愿者工作；第三，规划、协调并指导开展赛会志愿者工作；第四，组织赛会志愿者的通用培训工作，指导赛会志愿者专业培训；第五，开展志愿者的宣传工作；第六，规划赛会志愿者赛时运行工作，协调落实志愿者技术系统建设工作。[1]

第二节　制定大型活动志愿服务规划

一、制定大型活动志愿服务总体工作框架

大型活动志愿服务总体工作框架是大型活动志愿服务开展的总提纲，明确了大型活动志愿服务的时间表和路线图，展现了大型活动志愿服务的总体规划，对于大型活动志愿服务的具体组织实施具有重要意义。

如前所述，大型活动志愿服务按照活动的性质、领域等可以分为重大体育赛事志愿服务、重大文化艺术活动志愿服务、重大国际国内会议志愿服务和重大主题活动专项活动志愿服务。大型活动本身的类型和定位决定着大型活动的组织规模、等级、服务标准、客户群划分等因素，进而决定了志愿服务的水平与要求，主导了大型活动志愿服务的项目规划。

---

[1]　张晓红，等．大型活动志愿服务组织与管理［M］．北京：中国青年出版社，2014:39.

活动级别	顶级	保障级	基本级
岗位	复杂	一般	少量
业务类型	多	较多	少
志愿者 技能需求	专业性强	各半	仅通用志愿者或 少量专业志愿者

在确定大型活动的类型、定位和级别后，就可以开始制定大型活动志愿服务的总体工作框架。在规划时，主要内容包括：

（1）大型活动志愿服务的组织机构的组成、框架、职责及人员配备；

（2）大型活动志愿服务的总目标、工作原则以及具体工作任务；

（3）大型活动志愿服务招募、培训、管理等主要环节的指导原则；

（4）大型活动志愿服务具体实施项目的策划、内容及参与主体；

（5）大型活动志愿服务阶段性任务分解，明确不同阶段的不同任务；

（6）大型活动志愿服务的后勤保障、表彰和激励、经费来源、理论研究等支持系统。

按照大型活动的整体安排，可以将上述内容进而分为活动前、活动中、活动后三部分，各个环节是环环相扣、紧密结合的，形成一个完整的体系，如图 2–1 所示。

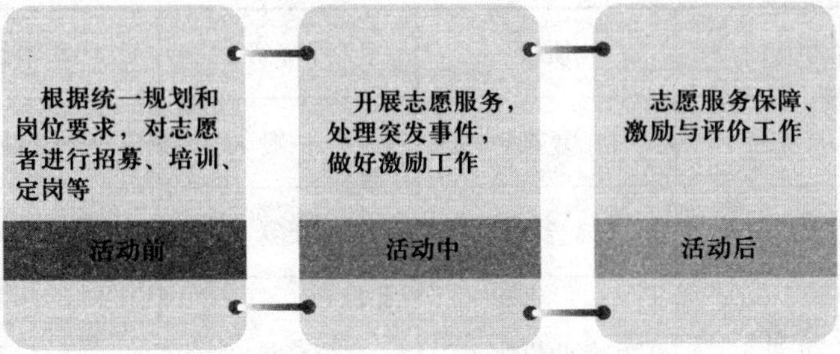

图 2-1　大型活动志愿服务的构成体系

（1）活动前：大型活动志愿服务活动前的阶段是非常重要的，志愿服务一半的工作是在活动前完成的。这主要包括根据活动的统一规划和岗位要求，对志愿者进行招募、培训、定岗等。同时，要出台活动中相关的监督规则和激励规则，对可能发生的情况进行预警。

（2）活动中：大型活动志愿服务在这个阶段最能体现成果，直接关系到目标任务的完成质量，除了要根据之前的计划和岗位配备有条不紊地进行服务之外，还要注意突发事件，比如志愿者的临时退出、意外伤害和其他突发状况等。同时，还要根据工作的任务量，及时做好志愿者的激励工作，确保所有人能以高昂的斗志来完成各项任务。

（3）活动后：项目完结以后，除了需要和组委会一起进行收尾的志愿者之外，大部分志愿者会被解散，回到原来的岗位。组委会和组织者就需要根据之前的承诺，对志愿者的工作进行评价，并给予相关的奖励，保障志愿服务活动的延续性。[1]

[1]　冷梅 . 志愿者服务活动项目化管理研究——以中国秋歌节志愿服务人力资源为例［D］. 青岛：青岛大学，2017.

例如，2008年北京奥运会志愿者工作协调小组成立后，在理顺工作机制的基础上，立即着手《北京奥运会志愿者行动计划》的起草工作。起草工作小组在学习借鉴历届奥运会志愿者工作资料的基础上，结合我国具体国情研究行动计划的功能、框架，并广泛征求了协调小组成员单位、奥组委相关部门、专家学者、高校团委、志愿者社团和志愿者代表以及一定范围的社会公众的意见，广开言路、广纳群言、广集民智，制订了一个较高水平的大型活动志愿服务总体规划。2005年6月，2008年北京奥运会志愿者项目正式启动，《北京奥运会志愿者行动计划》同时公布，规划了2008年北京奥运会志愿者行动的总体目标、行动准则、工作项目和推进过程，用以指导2008年北京奥运会志愿者行动的各个项目及其运行计划的制订和实施。

同时，我们发现：文件在行动准则和行动方向部分提出，2008年北京奥运会志愿者工作要坚持以人为本、大众参与、奥运规则、科学高效、中国特色的行动准则，促进全民广泛参与、促进志愿服务事业全面发展、促进志愿者全面发展、促进中外文化交流，对2008年北京奥运会志愿者工作提出了高屋建瓴的蓝图规划。2008年北京奥运会志愿者工作的巨大成功，不仅证明文件所提出的行动准则、行动方向的可行性，也在一定程度上印证了一个好的总体规划，对于大型活动志愿服务的顺利实施，具有非常重要的意义。[1]

---

[1] 张晓红，等.大型活动志愿服务组织与管理［M］.北京：中国青年出版社，2014:41.

二、全面分析评估志愿服务需求，进行岗位设置

从时间上看，大型活动志愿服务项目的管理过程主要包括项目总体策划、志愿者招募培训、项目运行和控制、项目执行后期的绩效评价以及收尾解散等基本环节。在整个大型活动志愿服务项目开展过程中，还穿插进行志愿者的激励和保障等工作。大型活动志愿服务的总体流程可以分为开发过程、计划过程、执行过程、收尾过程四个阶段。其中，计划过程需要由组织机构制订合理战略计划、行动计划、进度计划、控制计划等，重点是要做好计划编制，通过各种方式确保招募到充足的志愿者，并根据赛事的需要进行分岗位的系统培训，确保志愿服务工作的有效实施。这个期间，组织机构主要任务是志愿者岗位和对应人数的设计与规划、招募、选拔、培训、配置等。[1]

一般而言，大型活动志愿服务需求评估，主要包括大型活动所需要志愿者的数量、岗位分工需求、志愿者的专业水平和胜任资格要求、相应的配套资源等多个方面。大型活动志愿服务组织机构，应当与大型活动组委会相关职能部门、相关场馆密切沟通协调，准确作出判断分析，汇总形成综合统计数据表，并最终形成包含岗位名称、岗位职责、岗位基本条件、人员点计划等诸多信息的志愿者岗位清单。汇总并整合调配人员基本需求，特别是科学合理地设计大型活动志愿者总体人员配备计划和厘清各部门、各环节、各时期、各场馆等的具体需求往往是最困难的工作。一

[1] 张娜．大型体育赛事志愿服务项目管理研究——以 2019 徐州国际马拉松赛为例［D］．徐州：中国矿业大学，2020.

方面要控制志愿者总量，另一方面结合需要按照服务标准配备足够的志愿者，顶层设计与基层实际需求往往需要经过多次的层层磨合才能够实现。例如，2020 年服贸会严把需求关，制定“三轮征集、三轮确认”的工作原则，相关部门深入对接需求。特别是对专题板块，主动召集用人部门就志愿者工作范围、保障范畴、责任义务等进行协商沟通。

对志愿者岗位分工和岗位人员需求数量确定的过程本身也是对志愿服务工作规划的梳理。通过调研、沟通、设计，最终设定志愿服务项目和岗位，明确每一名志愿者、每一个岗位的具体工作。各个部门、各个层级的不断对接、沟通、设计的过程，本身也是对整个活动志愿者工作思想和志愿者战略的理解、学习和统一思想的过程。志愿者人力资源规划与志愿者通用政策和保障的确定同等重要，甚至在很多方面志愿者岗位与人员计划的确定是通用政策和保障政策制定的基础。志愿者人力资源规划可以采用如下办法和步骤。

（1）分散预测：按需求部门的志愿者活动进行分散预测，参照以往的经验，对志愿者的需求计划形成书面报告，明确志愿者的人数、工作及各时间节点安排。

（2）滚动编制：根据环境和大型活动策划的转变，从实际执行情况出发，以保证大型活动顺利运行为目标进行滚动调整。

（3）分步进行：大型活动的步骤多、实施过程复杂，传统的方式，例如抽调、借调、临时集合等方式已无法满足任务的需求。因此在活动准备的阶段就要提前做好应对措施，为了精准地将项目计划安排好，有必要作出分步实施的计划。

（4）随时修正：为保证大型活动能够顺利进行，有必要在项目进行的过程中随时进行监督和修正。[1]

例如，2008 年北京奥运会志愿者工作筹备过程中，对志愿者需求进行了数轮评估。首先，2005 年公布《北京奥运会志愿者行动计划》时，便提出了奥运会赛会志愿者总人数约 7 万人、残奥会赛会志愿者总人数 3 万人的工作目标；2006 年，北京奥组委志愿者部先后在奥组委内部展开 4 轮调研，到相关高校和区县调研，了解潜在的志愿者供应状况，形成了《北京奥运会、残奥会赛会志愿者需求汇编》和相关调研报告，初步确定了赛会志愿者需求总体情况，为后续工作的开展，如招募、培训等各项工作，奠定了坚实的数据基础；此后，随着奥运会志愿者工作的稳步推进，北京奥组委志愿者部还结合志愿者需求的变动情况，对志愿者需求进行评估，确保奥运会志愿者的供给充足。

三、按公众参与需求设置大型活动志愿服务项目

大型活动的社会关注程度高，社会公众的参与热情高，如何满足社会公众的参与热情，将大型活动的无形影响力、凝聚力，转化为群众精神文明创建活动的载体，这就需要大型活动志愿服务的组织者设置各种志愿服务项目，满足不同年龄、不同阶层群体的参与需求。

2008 年北京奥运会的筹办，激发了中华民族对于志愿服务的参与热情，社会公众报名参加志愿者的需求巨大，申请成为奥运

---

[1] 冷梅．志愿者服务活动项目化管理研究——以中国秧歌节志愿服务人力资源为例［D］．青岛：青岛大学，2017.

会志愿者的人数以百万计。为了满足如此数量巨大的参与需求，北京奥运会志愿者工作协调小组打造了一个可以容纳 170 万人参与的志愿服务平台。2008 年北京奥运会、残奥会志愿者工作形成了由赛会志愿者、城市志愿者、社会志愿者、“迎奥运”志愿者、奥组委前期志愿者、志愿者工作成果转化等六个项目和“微笑北京”主题活动组成的总体格局。围绕这些工作项目，统筹开展了赛前与赛时志愿服务、赛场内和赛场外志愿服务、赛时和赛后志愿服务，社会公众能够全方位参与到奥运会志愿服务之中。迎奥运志愿服务组织动员社会公众宣传奥林匹克知识、清洁城市环境、提升文明素质。奥组委前期志愿者为奥组委的工作运行提供了 50 万小时的志愿服务。赛会志愿者项目面向海内外招募了 10 万人的高素质志愿者队伍。城市志愿者项目吸引了 40 万名有志于长期提供志愿服务的志愿者。社会志愿者项目组织百万志愿者在社区、街道提供维护社会正常秩序的各类志愿服务。志愿者工作成果转化项目更是为志愿服务事业的长远发展奠定了坚实基础。

四、梳理并制定大型活动志愿者工作通用政策

志愿者的通用政策是整个大型活动志愿服务工作的“行动纲领”，包含志愿者的宣传动员、招募选拔、培训上岗、激励表彰等各项工作的要求、流程、标准等。在进行大型活动志愿服务的组织与规划过程中，这是一项重要的任务，也可以说在系统调研规划的成果之一就是通用政策。在通用政策中，大型活动志愿服务的组织者必须明确：哪些人能够成为志愿者？怎样成为志愿者？成为志愿者以后做什么？作为志愿者的权利和义务有哪些？

即招募志愿者时要对志愿者回答清楚“5W1H”。在弄清楚这些问题之前，贸然采取任何招募或使用志愿者的行动，都可能导致志愿服务行动失败。制定志愿者通用政策，通常是在志愿者规划阶段，即启动志愿者计划之后，进行志愿者招募之前最重要的工作。大型活动志愿服务工作的组织者通过制定通用政策，可以明确志愿者工作从招募到激励等诸环节的基本要求和思路。同时，志愿者通用政策如邀约，可以邀请广大志愿者的参与。志愿者通用政策内容如图 2–2 所示。

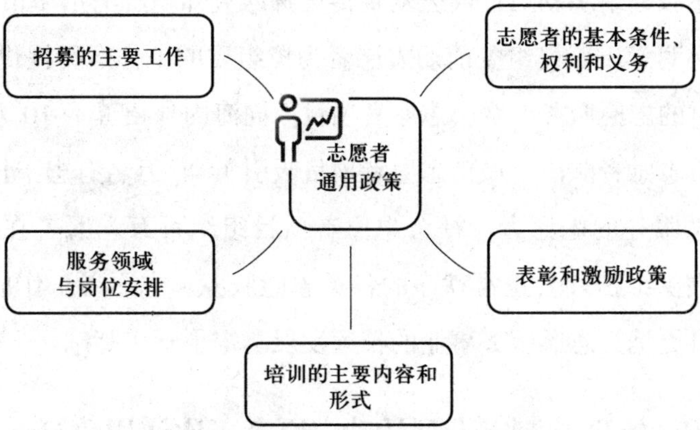

图 2–2　志愿者通用政策内容

第一，志愿者的基本条件、权利和义务。志愿者的基本条件主要包括：志愿者的年龄条件、志愿者所需连续服务的时间、志愿者的语言文化素质等。对于大型活动志愿服务工作的组织者而言，这些条件的明确，划定了潜在招募对象的范围；而对于志愿者而言，这些条件的明确，意味着他们能否参与该项志愿服务。

通用政策还必须明确志愿者的权利和义务。一般而言，志愿者的权利主要包括：了解志愿者政策；在岗位确定之前表达工作岗位的意愿；获得必要的工作保障；维护自身的正当权益；参加志愿者评比表彰；对志愿者工作提出意见和建议；申请退出志愿服务。志愿者基本义务包括：遵守相关法律法规以及大型活动的规定；履行经本人签署的志愿服务承诺；完成相应的培训；服从大型活动组织者对志愿服务工作岗位的安排；服从大型活动组织者的指挥和调配，认真完成志愿服务工作任务；服从志愿服务期间所在团队的管理。

第二，志愿者招募的主要工作。主要是明确志愿者的来源。例如，2008 年北京奥运会、残奥会志愿者工作就明确提出，奥运会、残奥会赛会志愿者主要在北京地区招募，以北京高校学生为主体，同时面向全国各省、自治区、直辖市居民、港澳台同胞、海外华人华侨和外国人招募一定数量的赛会志愿者；志愿者报名途径和时间，以网络为主，兼顾报名点报名；志愿者招募流程，特别要注明截止报名、具体选拔等关键节点的时间。又如，2020 年服贸会以北京本地志愿者为主，与北京大学、清华大学等 27 所高校和朝阳团区委开展组织化动员，优中选优，为做好服贸会志愿服务工作打下坚实的人才基础。

第三，志愿者的服务领域与岗位安排。主要是明确大型活动志愿服务工作的岗位具体安排。例如，2008 年北京奥运会、残奥会志愿者通用政策明确提出，赛会志愿者主要在场馆（含竞赛场馆、训练场馆和非竞赛场馆）进行志愿服务，赛会志愿者的服务领域主要包括礼宾接待、语言翻译、交通服务、安全保卫、医疗卫生、观众服务、沟通联络、竞赛组织支持、场馆运行支持、新闻运行支持和文化活动组织支持，赛会志愿者原则上每天工作一个班次，一个班次不超过 8 小时。

第四，志愿者培训的主要内容和形式。主要包括四个方面的内容，一是项目培训，围绕本次大型活动的历史、现状和项目基本情况及服务要求等展开培训；二是专业培训，专业培训的内容包括按志愿服务岗位的专业要求所应掌握的相关专业知识和技能；三是岗位培训，岗位培训的内容包括岗位职责、工作任务、业务流程、操作规范等；四是演练测试，主要通过场景模拟或测试运行让志愿者在实际情境中掌握服务要领。志愿者的培训形式，包括远程培训、面授、实践培训等。

第五，志愿者的表彰和激励政策（考核、表彰、激励）。主要是明确大型活动志愿服务工作组织者能够给志愿者提供的工作条件、医疗卫生和社会保障等，一般而言，目前的大型活动通常需要向志愿者提供的工作保障包括：工作服装、餐饮或其补助、交通或其补助、人身意外保险等。激励政策是激励志愿者持续参与大型活动志愿者工作的重要环节，目前，大型活动志愿服务的激励政策通常包括：评选优秀志愿者及团队、颁发志愿者工作证书及纪念品、设置志愿者激励设施等。[1]

---

[1] 张晓红，等. 大型活动志愿服务组织与管理［M］. 北京：中国青年出版社，2014:46.

第三节　启动大型活动志愿服务文化建设

一、营造大型活动志愿服务文化氛围

大型活动志愿服务文化就是指在大型活动举办期间，通过志愿者的热情服务而逐步建立起来的一种能够实现自我激励、自我教育、广泛传播的社会认同。同时，某一大型活动志愿服务文化也因其包含丰富的文化内容和核心志愿服务精神、理念而成为当地推动志愿服务文化发展的不竭动力。通过对 2008 年北京奥运会、上海世博会、北京园博会等大型活动志愿服务的总结我们发现，随着大型活动志愿服务的常态化发展，大型活动志愿服务文化建设越来越重要，也越来越被重视。在 2008 年北京奥运会时，志愿服务文化建设更侧重于成果转化期的总结；到上海世博会时，志愿服务文化建设则被提前到运行期间；到北京园博会时，从筹备期开始，志愿服务文化建设就被重视。加强大型活动志愿服务文化建设的重要性日益突出：对内可以促进大型活动志愿服务项目本身更好地运行，对外可以宣传大型活动志愿服务项目、传播志愿服务理念、弘扬志愿服务精神等。

任何一种文化都有其构成，总结 2008 年北京奥运会、上海世博会、广州亚运会、北京园博会、北京 2014 年亚太经合组织会议等大型活动志愿服务文化构建的经验，我们将志愿服务文化构成概述为三大方面，即：标识系统、内外部环境和团队建设。首先，标识系统作为文化的重要载体，是各大客户群及社会对大型活动志愿服务认知的基础。人们对志愿服务的绝大部分认知与判断都是第一时间通过标识系统来实现的，所以标识系统对于大型活动志愿服务来说是“绝对的第一感观”。其次，内外部环境是指大型活动志愿服务的性质（竞赛、展会、会议等）、社会认可、社会形象、与外界的联系等。最后，团队建设包括价值观、典型事例、文化活动、文化网络。其中，价值观是指志愿者对服务过程中某个事件或某种行为好与坏、善与恶、正确与错误、是否值得仿效的评价和共同认识。在大型活动志愿服务文化中，价值观体现的是志愿文化的核心，统一的价值观使志愿者在判断自己行为时具有统一的标准，志愿者以此来选择自己的行为。价值观往往通过统一的行为规范表现出来。典型事例是指服务过程中具有代表性的人物或事例，其作用在于作为活的样板，给其他志愿者提供可供仿效的榜样，对大型活动志愿文化的形成、强化和传播起着极为重要的作用。文化活动是指大型活动期间对志愿者的各种表彰、奖励，聚会以及文娱活动等，它可以将对志愿者的激励作用发挥出来，生动地宣传和体现大型活动志愿服务及志愿者，使人们通过这些生动活泼的活动来认知和体会志愿服务项目。文化网络是指主要通过非正式的信息传递渠道传播文化信息。它是由某种非正式的组织和人群所组成，它所传递出的信息往往能反映出志愿者的愿望和心态。

经过对多次大型活动志愿服务的经验进行分析，我们发现，大型活动志愿者服务的文化建设也需要提前规划、整体设计，将各项工作做在前面，在运行阶段和成果转化阶段，文化建设的效果会自然显现，并对整个大型活动志愿服务的顺利进行提供强有力的保障。首先，大型活动志愿服务文化建设要有专门的规划，由专人负责，组建专门的工作小组。工作团队可能采取“小而美”的组建原则，抽调精干人员，着力在规划建设上下功夫，具体工作可交给其他机构完成。其次，大型活动志愿服务文化建设要根据大型活动的需要，系统地提出志愿服务的理念、口号、文化形象，制定相应的志愿者服务规范，包括行为规范、操作规范、危机处理规范、典礼仪式规范等。再次，标识形象系统规划设计工作可以由外包专业机构完成，确保设计符合艺术性、国际性、高识别性，特别是要与大型活动本身的一级标识系统相结合。最后，对标识形象系统应加以应用。

大型活动志愿服务文化对志愿服务的开展以及地域的志愿服务活动甚至对整个国家的志愿服务事业发展都有很强的正向促进作用。具体而言，大型活动志愿服务文化建设具有导向作用、规范作用、凝聚作用、激励作用、和谐作用、辐射作用等，如图 2–3 所示。

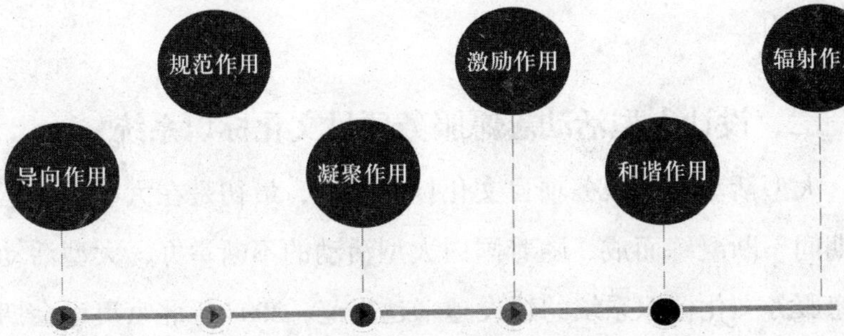

图 2–3　大型活动志愿服务文化建设的作用

所谓导向作用就是通过对志愿者和社会的引导，播种志愿服务观念，培育志愿服务行为，帮助人们在短时间内认识志愿精神、传播志愿精神。所谓规范作用是通过志愿服务在志愿者们内心形成的价值认识，发挥心理约束的作用，进而规范志愿者乃至社会成员行为，并能代替部分的正规约束，保障运行过程中的规范有序。所谓凝聚作用，是借助以人为本的理念，在整个大型活动期间进行团队建设，致力于营造团结友爱、相互信任的和睦气氛，强化团体意识，使志愿者之间形成强大的凝聚力和向心力。所谓激励作用，是通过由志愿服务文化而产生的共同的价值观使每个志愿者都感到自己存在和行为的价值，这种满足必将形成强大的激励力量。所谓和谐作用，是指引导志愿者科学地处理服务过程中、各部门志愿者之间、志愿者和客户群之间的各种矛盾，引导志愿者进行自我调节和适应、自觉地约束自己，进而实现人格的完善与提升。所谓辐射作用，是指大型活动志愿服务通过媒体、公共关系活动等对社会产生影响、向社会辐射，这对树立志愿服务在公众中的形象有较大帮助，进而对社会的发展与建设产生广泛的影响。

二、设计大型活动志愿服务项目文化标识系统

大型活动志愿服务项目文化标识系统，最初是在大型活动运行期间不断凝练而成，随着国内大型活动的不断举办，大型活动志愿服务文化标识系统的建设越来越规范。2008 年北京奥运会期间“志愿者的微笑是北京最好的名片”广为流传，但那时志愿服务文化的内涵还不全面，还不能称之为严格意义上的标识系统，

在2008年北京奥运会之后的“遗产”转化过程中，标识系统才逐步形成体系。以志愿者昵称为例，2008年北京奥运会后经过梳理，在北京参与上海世博会北京馆服务的第一批测试运行志愿者，才将北京志愿者的昵称“蓝京灵”叫响并传播开来；上海世博会志愿者昵称“小白菜”则是在服务运行中被社会赋予的；北京园博会志愿者昵称“小V蜂”是在志愿者项目的运行规划前就设计完成并在招募动员时正式使用。

标识系统设计是外在、最直接、最具有传播力和感染力的设计。它能够将大型活动志愿服务项目文化的基本要素系统有效地展开，形成志愿服务项目文化专属的感观形象，并将识别系统中最具传播力和感染力的部分体现出来从而被大众接受。运用系统、统一的感观符号系统，可以使大众实现对大型活动志愿服务品牌形象的快速识别与认知；同时，标识系统可以将识别的基本精神充分地体现出来，在短期内迅速使志愿服务项目文化名牌化，促进志愿服务文化的形成。值得一提的是，在志愿服务项目文化标识系统里，标识物不仅仅局限在视觉信息上，声音等也可以成为标识物。大型活动志愿服务项目文化标识系统的基本要素如下。

（一）志愿者名称（昵称）

志愿者名称（昵称）指志愿服务项目运行中志愿者的专属别称，它与大型活动和志愿服务形象有着紧密的联系，采用文字来形象地代表志愿者。志愿者名称（昵称）的确定，必须要与大型活动紧密结合，同时体现志愿者的特点，要有独特性，发音响亮且易识易记。比如，北京园博会志愿者的昵称“小V蜂”。

（二）志愿者标志

志愿者标志指特别设计的、大型活动志愿服务项目的专属图标，是特定的象征与识别符号，通过简单易懂的符号直观地传递大型活动志愿服务和志愿者的信息。

（三）代表色彩

代表色彩是用来象征志愿者并应用在视觉标识设计中的指定色彩。代表色彩突出醒目，易于被客户群识别，也便于在工作过程中提供指示服务。比如，2008 年北京奥运会志愿者的代表色彩为蓝色，2008 年北京奥运会后相当长一段时间，社会盛行“志愿蓝”。

（四）标语口号

标语口号是大型活动志愿服务项目文化理念的概括，是组委会志愿者部门根据自身的活动或理念，归纳出来的一种宣传标语。文字简洁、朗朗上口的志愿者口号，一方面能激发出志愿者的服务热情，另一方面能加深公众心中的志愿者印象。例如，2006 年 8 月 8 日，北京志愿者协会联合中央及首都 25 家新闻单位发出微笑倡议，正式启动微笑活动。8 月 28 日，活动定名为“微笑北京”，口号为“志愿者的微笑是北京最好的名片”。

（五）志愿者歌曲

专门为大型活动志愿服务而创作的歌曲朗朗上口、易于传唱，也能够有效地传播志愿服务理念。例如，2008 年 4 月 30 日晚，在 2008 年北京奥运会倒计时 100 天庆祝活动暨第四届 2008 北京奥运会歌曲评选活动颁奖晚会上，北京奥运会组委会公布了北京 2008 年奥运会暨残奥会志愿者主题歌是《微笑北京》和《我是明星》。

（六）吉祥物

吉祥物一般都是以亲切可爱的拟人化卡通形象来唤起社会大众的注意和好感。大型活动志愿者吉祥物与大型活动吉祥物是不一样的，比如，2013 年北京园博会吉祥物是月季花园园，而园博会志愿者吉祥物是“小 V 蜂”乐乐。

（七）制服装备

制服装备指志愿者在进行志愿服务时统一着装和配备的常用物品。制服装备的统一设计，可以提高志愿者的归属感、荣誉感和主人翁意识，提升志愿者精神面貌。近几年的大型活动志愿者服务制服装备，主要有制服、证件、腰包等。

（八）城市志愿服务站

城市志愿服务站不仅是大型活动举办过程中的志愿服务基地，更是有效的宣传途径。城市志愿服务站大多都会在项目结束后以各种形式保留下来。例如，2008 年 6 月 30 日，在北京奥运会城市志愿者服务站点发布仪式上，500 个北京奥运会城市志愿者服务站点正式亮相。

（九）专属物资

专属物资主要有两个功能：一是可以作为激励物来向志愿者派发，起到一定的激励作用；二是可以用来对外联络感情、沟通交流、协调关系。重要的是，专属物资也是一种行之有效的宣传形式，近年来的大型活动志愿服务最突出的专属物资就是志愿者的纪念徽章和志愿者专用饰品。最为典型的就是 2008 年北京奥运会的“微笑圈”，即五色志愿者手环。

（十）印刷出版物

印刷出版物品代表着志愿者的形象，宣传志愿服务理念、弘扬志愿服务精神，如一般的大型活动志愿服务组织方都会制作志愿者手册或读本。

除上述要素外，还有其他可以突出志愿服务文化的产品，共同构成大型活动志愿服务项目文化标识系统。

第三章
大型活动志愿服务启动阶段

大型活动志愿服务已经成为公众参与大型活动、参与具体的社会生活和社会治理的重要途径。宣传、动员和招募志愿者的启动阶段极为关键，通过广泛的宣传、动员可以加深公众对志愿服务的了解认识，可以展示大型活动志愿服务的高效运转，还可以展示广大志愿者的优质服务和精神风貌，树立志愿者的良好形象，积极营造全社会关心、支持志愿者工作的良好社会氛围，为大型活动志愿服务的顺利推进奠定坚实基础。

第一节　宣传大型活动志愿服务

在大型活动的社会化动员过程中，宣传尤为重要。尽管大型活动志愿服务受关注程度高，但是要将公众潜在的注意力激发出来，转化为实实在在的行动，还需要大型活动志愿服务组织机构的广泛宣传动员。

在一定意义上，宣传是动员的手段。无论动员形式是组织化的还是社会化的，都依靠于高效率、高水平的宣传工作体系。宣传关系到志愿服务的形象，关系到能否招募到足够多的优秀志愿者，在“人人都有麦克风”的新媒体时代，宣传甚至关系到大型活动志愿服务的成败。

一、传播志愿服务理念和志愿精神

我国的志愿服务事业正在蓬勃发展，但社会关注度仍有待提高，公众对于志愿服务的认知度还有提升空间。大型赛会具有影响力大、覆盖面广、关注度高的特点，往往成为大型赛会举办城市展示形象的重要窗口。因此，借助媒体的力量和优势，通过对一些大型活动志愿服务的报道，可以传播志愿服务理念，唤起公众对志愿精神的认可及重视，提高志愿服务的公众知晓率和支持率。

北京奥运会组委会（以下简称北京奥组委）志愿者部、团市委将所有的招募通用政策面向社会发布，并且建立了“奥运呼叫中心志愿者咨询热线”，共接听咨询电话 7 万余个，成为发布志愿者招募政策、解答申请人问题的重要窗口，有效增进了公众与奥运会志愿者项目之间的互动联系。此外，北京奥组委志愿者部、团市委还通过编发《志愿者》杂志和《志愿先锋》小报、发布志愿者主题歌曲等各种方式提升奥运会志愿者项目的透明度。这些措施都取得了良好的效果，保证了奥运会志愿者工作的成功。

大型赛会历来是城市宣传的重要窗口，2018 年中非合作论坛志愿服务中，组委会志愿者部加强宣传力度，自赛事筹备之初就持续发声，结合志愿者招募、选拔、培训等各项工作，依托传统媒体、网络新媒体等平台发布新闻10余篇，依托主流媒体进行专题报道，充分展示了北京青年志愿者服务大型赛会、助力“精致城市”建设的青春风采。

2019年中国北京世界园艺博览会通过世园局现有媒体资源开展志愿者宣传，如《相约北京2019》《花之声》、北京电视台《我是园艺师》、北京日报《美丽北京 精彩世园》等，制作、刊登、播出北京园博会志愿者招募相关信息，进一步提升志愿者活动影响力，传播志愿精神。

二、多渠道多形式开展大型活动志愿服务宣传

大型活动志愿服务宣传有多个渠道、多种形式，如图3–1所示。

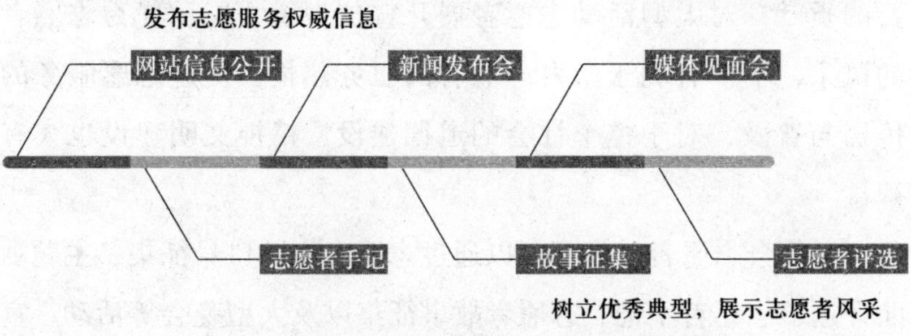

图3–1　大型活动志愿服务宣传渠道与形式

（一）发布志愿服务权威信息

通过官方网站信息公开、主动召开新闻发布会、媒体见面会等方式，及时发布志愿服务权威信息。介绍大型活动志愿服

务工作进展情况，提高公众对大型活动志愿服务的了解、认同程度。

2008年北京奥运会、残奥会发布志愿服务权威工作信息，制定了志愿者招募宣传口径，收录各种问题口径500多个，为志愿者对外宣传提供政策依据，与此同时，开设“奥运呼叫中心志愿者咨询热线12308”，发布志愿者招募政策、解答申请人提问。依托“志愿北京”网站，推出“志愿者报道”“志愿者快报”“志愿者手记”“志愿者人物”等专题，为媒体提供新闻素材。

（二）树立优秀典型，展示志愿者风采

在大型活动志愿服务过程中，志愿者弘扬“奉献、友爱、互助、进步”的志愿精神，默默无闻地奉献自己的力量，为顺利举办大型活动、提升城市文明形象、促进社会文明进步作出了重要的贡献。对大型活动志愿者展开宣传报道，展示优秀志愿者的风采，不仅有利于激发志愿者的服务热情、促进志愿服务的传播与普及，对于整个社会的道德建设、精神文明建设也大有裨益。

组委会志愿者工作部可以通过志愿者主题口号征集、主题歌曲评选、志愿者手记、志愿者故事征集以及大型晚会等活动，宣传大型活动志愿服务。深入挖掘、树立志愿者典型，以点带面、宣传展示志愿者风采。通过媒体报道选树了一批“艰苦岗位上的志愿者典型”“优质服务志愿者典型”“残疾城市志愿者典型”“扶残助残社会志愿者典型”等。

（三）开展主题宣传活动

在大型活动志愿服务的筹办过程中，通过开展一系列的主题宣传活动，有利于营造声势，进一步激发全社会参与大型活动志愿服务的热情。在北京奥运会志愿者工作推进过程中，北京奥组委志愿者部、北京团市委、北京市志愿者联合会等单位以“3·5中国青年志愿者服务日”“北京申奥成功纪念日”“国际志愿者日”及奥运倒计时等重要纪念日和五一、十一假期期间集中组织志愿服务宣传教育和实践活动，大力开展“北京市十大志愿者”评选表彰，组织以文明观赛、文明乘车为重点的文明礼仪教育活动，推动和谐理念和志愿精神逐渐深入人心、并转化为行动力。

三、运用大型活动志愿服务宣传策略

（一）品牌化策略

在大型活动志愿服务的宣传过程中，可以通过对一整套文化体系进行重新包装、整合，突出形象识别和价值诉求，打造出特征鲜明的志愿文化品牌，赢得社会公众的认同，推动志愿服务的传播，促进志愿服务的普及。北京志愿者协会组织举办“微笑北京”活动，这项活动的目的是倡导志愿者和广大市民每天多一些微笑，用真心的微笑表达真心的关怀，在给他人和社会带来快乐和温暖的同时，也能够进一步提高自身的文明素养。一系列品牌活动大力宣传了志愿精神，推动了北京志愿服务事业的长远发展。

（二）时尚化策略

现在，无论是在大型活动志愿服务中，还是常态化的志愿服务中，“90后”“00后”的青年都是志愿者的主力军。2018年中非合作论坛北京峰会大学生志愿者的选拔标准较高，从北京32所高校和部分国有企业招募选拔。要求志愿者为共产党员或共青团员、“志愿北京”平台实名注册志愿者、具备大型活动志愿服务经历、至少参加过一次市级大型活动志愿服务等。最终遴选出2 500名综合素质高、形象气质佳、外语水平好、工作能力强的志愿者。他们当中95%以上都是青年，青年的广泛参与，既对大型活动志愿服务提出了时尚、创新方面的要求，也从客观上推动了大型活动志愿服务的时尚化。将一些时尚潮流元素融入大型活动志愿服务中，让志愿服务变成人们时尚的生活方式，正成为大型活动志愿服务传播的又一重要策略。北京多项大型活动都建立了城市志愿者服务岗亭，创造了一系列时尚化的志愿团队、志愿项目，推动志愿时尚的流行，为吸引公众参与志愿服务、支持志愿服务营造良好的社会氛围。

（三）技术化策略

信息科学技术创新工作模式，在充分尊重志愿者个性需求的同时，潜移默化地确立了服务标准、运行规范、制度约束，让志愿者在真诚奉献的过程中，体会到平等、诚信、友善，体会到规则的重要，夯实了社会主义核心价值观的育人效果。北京园博会构建的志愿服务平台机制基于人性化、社会化、系统化原则，应用青年人喜欢的Web2.0信息化模式和青年人喜闻乐见、易于接受的时尚及艺术元素，有效地调动了志愿者的主体意识，让志愿服务变得更加贴近青年，更加深入生活。志愿者只需要通过“小V蜂”手机客户端选择上岗时间和上岗载体，就能“自助值机”，而且还能提前通过手机客户端和骨干志愿者、同一岗位的其他志愿者交流。5.6 万名北京园博会志愿者申请人正式成为“小 V 蜂”志愿服务团成员，他们在“小 V 蜂志愿者服务站”以及日常生活中持续参与“每天绿色一分钟”的绿色公益项目和“邻里守望”志愿服务项目。

第二节　动员参与大型活动志愿服务

随着社会发展的多元化，人们的行为选择也出现了多元、多样、多变的特点，传统的组织化动员手段仍然在发挥作用，但是也存在志愿性不足等问题，新型的社会化运行、市民化参与、国际化合作逐渐形成，如图 3-2 所示。大型活动志愿服务的动员，必须将组织化动员与社会化运行结合起来，充分发挥传统组织优势的同时，更加注重新技术、新媒体的使用。

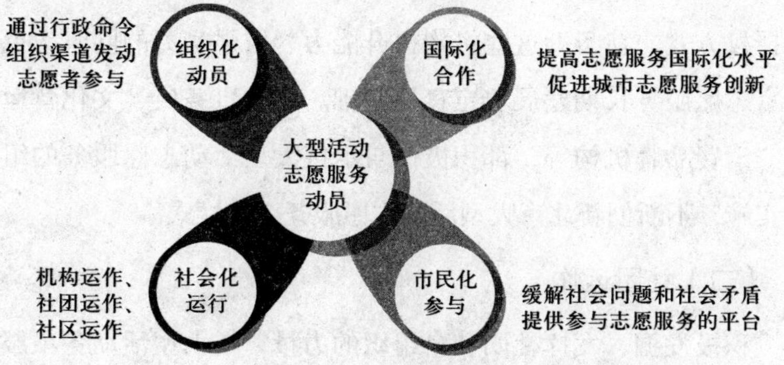

图 3-2　大型活动志愿服务动员方式

一、依托体制开展组织化动员

组织化动员，即通过行政命令、组织渠道发动志愿者参与。这种方式充分发挥了行政力量的管理、渠道等优势，将高校、机关等体制内有志参与志愿服务的人群动员起来，为大型活动志愿服务项目贡献自己的力量。

目前，中国参加大型活动志愿服务的大多数是青年。因此，多数大型活动志愿服务动员、组织任务都委托组委会志愿者部、主办地共青团组织具体实施。一方面发挥基层团青组织的组织动员优势，通过宣传、交流活动，吸引青年团员积极投身志愿服务；另一方面加强与社会机构、团体的合作，通过非官方途径扩大大型活动的影响，吸引越来越多不同类型的人员报名参与。

二、激发公众热情开展社会化运行

（一）机构运作

组委会志愿者部可积极探索由社会机构承接的方式。北京在近年的大型活动中也更多地寻求与社会机构的合作，实行委托或者授权方式，在帮助这些机构提升能力、增强实力的同时，也为北京志愿服务长期发展奠定良好基础。律师事务所、文化营运机构、消费品牌机构等，都积极参与承接大型活动志愿服务的组织和实施，不断创新北京大型活动志愿服务工作模式。

（二）社团运作

积极发掘、发挥社团和自组织的力量，在大型活动各项服务中为他们提供展示平台。这些志愿服务团体，可以借助大型活动志愿服务的契机，增加服务项目、扩大服务领域、发展组织机构。同时，根据大型活动志愿服务的需要成立的志愿者团体，在活动的筹备与举办期间开发了各种新颖的志愿服务项目。

（三）社区运作

大型活动举办地各社区机构、社区组织可积极参与大型活动志愿服务，上至70多岁的老人，下到小学生，从退休专家、退休工人到自由职业者，都可以为大型活动志愿服务奉献力量。

整体而言，社会化运行有以下特点：一是动员主体以社会组织为主。二是运行的对象往往更加多元，有来自社会不同的阶层、职业、年龄、民族等的动员对象。三是更加地接地气，更方便借助平民化传播渠道。四是参与更加有效、持久。社会化动员是具有很强的生命力，它基于志愿者自愿，对志愿精神、志愿者在大型活动中的价值都有更强烈的认同，这种使命感促使很多志愿者能克服所面临的困难持续参与。五是机制更加灵活。在互联网时代，网民自发成立了网络公益组织。网络公益组织的一般特点是规模不大，但效率高、运转成本低，突破了空间障碍，涉及范围广泛，能最大限度地满足受助者的需要。

三、广泛动员实现市民化参与

民众对于参加志愿服务特别是大型活动志愿服务热情非常高。一方面，可以通过举办论坛等新颖时尚的志愿宣传活动，邀请主办方官员、志愿服务专家、长期从事志愿服务的志愿者代表介绍大型活动志愿服务的特色，分享志愿服务经历。同时，提供大量的志愿服务机会，让大学生、社区居民、企业员工都能方便地接触志愿服务活动。

在大型活动举办期间组织开展以大型活动为主题的系列城市志愿服务活动。如结合学雷锋纪念日、国际志愿者日，举办志愿关爱、志愿社区、志愿文化等活动。这些活动不仅在缓解各种临时性的社会问题和社会矛盾中发挥重要作用，也能为市民提供参与志愿服务的平台，能在活动中向广大市民宣传大型活动的理念和志愿服务精神，同时提升市民素质、倡导形成良好的社会风气、发展城市文明等。

四、积极探索达成国际化合作

大型活动志愿者部积极开展国际交流与合作，提高大型活动志愿服务的国际化水平，促进城市志愿服务创新。一方面，主动与欧美、日韩等国外志愿社团合作交流；另一方面，利用大型活动志愿服务的国际背景，积极探索志愿者提高服务水平、参与国际服务的途径。广泛借鉴国外先进经验，结合国情特色，积累统筹协调、多元参与、创意组合、向网络延伸的大型活动志愿服务经验。

第三节　招募大型活动志愿服务志愿者

志愿者招募是志愿服务项目运行管理工作的第一个环节，也是决定大型活动能否成功举办的一个重要因素。一方面，有效的志愿者招募工作不仅可以选拔合适的志愿者在相应的岗位参与志愿服务，而且可以降低志愿者初试培训和能力开发的费用，为志愿服务组织方节约成本。另一方面，有效的志愿者招募工作也能为志愿服务组织充实新生力量，实现组织内部志愿者的合理配置，增强志愿者队伍的稳定性，减少人员的流失。大型活动志愿服务志愿者招募过程如图 3–3 所示。

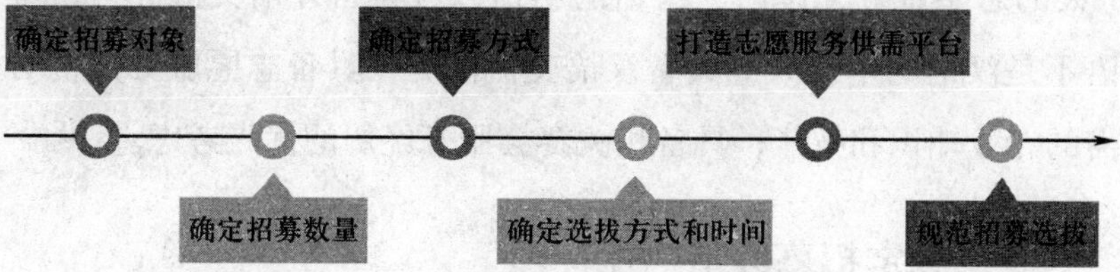

图 3–3 大型活动志愿服务志愿者招募过程

一、确定招募对象

志愿者招募对象的确定依赖于前期工作，即对志愿者志愿服务领域的严格划分。因此，管理者需要根据志愿者所从事的志愿服务领域来进行合理的岗位设计。具体来说，大型活动所涉及的志愿服务领域决定了需要怎样对该领域中的服务对象进行工作类型定位，在此基础上，有针对性地制订志愿服务项目计划，进而明确具体的招募对象。在确定招募对象时，还要针对我国志愿者多数来源于高校的特点，进行志愿者招募时，把招募的重点放在高校，研究确定有针对性的招募工作方案以及相关的工作计划，从而提高招募工作的效率，同时也给后续工作的开展创造良好条件。

例如，2019 北京世园会志愿者招募条件有：自愿参加世园会志愿服务；原则要求上岗前年满 18 周岁，身体健康；报名前需在“志愿北京”平台成为实名注册志愿者；遵守中国法律法规和世园会相关规定；能够参加世园会的培训及相关活动；能够在世园会期间连续开展志愿服务工作，其中团体报名志愿者应服从团体整体安排；个人报名志愿者原则上在北京世园会期间至少连续提供7天的志愿服务；母语为汉语的申请人应具备外语交流能力，母语不是汉语的申请人应具备汉语交流能力；具备志愿服务岗位必需的专业知识和技能；具备相关赛会服务经历的优先考虑。

二、确定招募数量

对大型活动来说，如何确定合理的志愿者招募数量是志愿者项目实施过程中的重点和难点。志愿者数量过多容易造成机构臃肿、人员冗余、效率低下以及成本过高等；志愿者数量过少又会造成志愿者工作强度过大或志愿服务质量下降，影响大型活动的顺利举办。与此同时，在确定数量的时候还要充分考虑志愿者的流失问题。因此，招募数量的确定要严格根据规划阶段编制的志愿者人员计划来进行，同时，要参考以往类似活动的志愿者流失率，增加机动志愿者的数量。还要通过人员计划明确目标人群，并明确不同目标人群的招募数量和资格要求，以确定相应的招募实施方案。

在大型活动的运行过程中，不可避免地会出现志愿者需求与岗位设置的偏差，为了应对这样的情况，解决需求与实际的偏差问题，可以用“热备”和“冷备”的方式来应对。

志愿者需求与岗位设置的偏差通常由于以下两种情况产生：第一，志愿者由于特殊原因，如身体状况、家庭情况等因素无法继续参加志愿服务工作，造成志愿者流失，从而导致一些岗位缺少志愿者；第二，突然发生重大或者敏感事件，需要投入更多志愿者协助进行应急处置。“热备”是用来解决在前期调研阶段没有关注到的或者由于突发事件导致的志愿者缺失的问题，方法就是在招募的过程中，应特别招募一部分具有应急知识、特殊技能和医疗卫生、安全保卫等相应专业知识的志愿者。“冷备”是用来解决在大型活动运行过程中因为个人原因不能继续参加志愿服务工作的志愿者缺失的问题，方法就是在招募具体岗位的志愿者时，在岗位需求志愿者数量的基础上多招一定比例的备用志愿者，以便调换或者增补志愿者。[1]

三、确定招募方式

大型活动志愿者项目目标的层次性，决定了志愿者招募也要采取多样化的方式。在我国，大型活动的志愿者招募一般采取定向招募和社会招募的方式来进行。定向招募，是指由大型活动主办方联合或者委托相关单位，根据招募的基本条件和志愿者需求部门提出的具体需求，按照规定的程序对志愿者进行招募。社会招募，是指面向全社会公开接收个人报名申请，并按招募程序统一进行选拔的招募方式。

（一）两种招募方式比较分析

从招募风险来看，定向招募风险较小，更有利于招到符合活动需要的志愿者。定向招募一般具有明确的目标，事先确定招募来源，再根据志愿者的需求分布情况和组织动员单位的实际情况，

[1] 张晓红，等. 大型活动志愿服务组织与管理［M］. 北京：中国青年出版社，2014.

给各组织动员单位分配相应数量的志愿者指标，从而确保志愿者的数量、质量满足要求。而社会招募由于面向全社会，能否招到具有某种专业技能的志愿者，完全取决于志愿者实际的报名情况，这可能使主办方面临不确定性。社会招募还可能带来志愿者的流动性过大、安全风险增加等问题，给主办方带来管理上的困难。

从招募效果来看，定向招募容易导致摊派，志愿者只是被动地完成组织给予的任务，参与动机不强。社会招募则由于面向社会大众，给社会大众创造了机会，能够有效满足不同人群参与志愿服务的需要，对志愿服务氛围的营造和良好社会风气的形成具有重要推动作用。

（二）选择符合实际的志愿者招募方式

大型活动的志愿者使用来源广泛、背景复杂，不同需求部门的志愿者来源具有较大差距。根据不同的岗位需求，在专业机构的协助下招募专业性较强的志愿者，是大型活动成功组织志愿者的重要经验。同时，通过共青团或其他政府部门、公益组织来组织志愿者参与大型活动志愿服务，是我们国家长期以来组织大型活动的一个成功做法。

随着近年来社会公众参与志愿服务热情的递增，特别是在2008 年北京奥运会以后，社会公众参与志愿服务已经蔚然成风。大型活动如果不能满足社会大众参与志愿服务的这种需求，必将损害社会公众的参与热情，对社会公益氛围的营造带来不利影响。

综上，在现阶段，为确保直接服务于大型活动的志愿者队伍的稳定、高效，同时考虑保护社会大众参与志愿服务的热情和营造志愿服务氛围的需要，应该采用“以定向招募为主、以社会招募为辅，定向招募与社会招募相结合”的方式，以此保证大型活动志愿者的数量和质量。

（三）运用场馆对接机制

在大型活动中，尤其是大型体育赛事活动中，对于非专业志愿者的招募可以实行场馆对接机制，即各场馆明确志愿者来源单位，在场馆和志愿者来源单位之间建立工作对接关系，共同推进场馆志愿者队伍的组建、管理、保障等工作，将志愿者运行工作整合并落实到场馆的工作模式之中，这也是2008年北京奥运会的重要工作经验。志愿者场馆对接机制可以更好地建立和完善志愿者工作的体制，也能更好地统筹人力资源，为场馆运行提供高质量的人力保障，从而形成工作合力，通过各方力量共同支持、保障场馆志愿者工作的顺利开展。

四、确定选拔方式和时间

志愿者申请人通过注册登记后，就要接受严格的选拔测试。在整个选拔测试阶段，需要严格把关，确保志愿者质量，选拔出合格甚至优秀的志愿者，组建一支专业的志愿者队伍。

志愿者选拔程序至少应包括：选拔标准的确定、预审与复审、考核（如知识测试、面试、心理素质测试、情景模拟测试等）。知识测试包括两类单项测试：综合知识测试和专业能力测试，主要考核申请人的文化水平以及专业知识和特殊技能。面试则是从仪表气质、责任感和进取心、思维与口头表达能力、沟通与交流能力等方面，考核申请人的综合素质。心理素质测试是为了分析申请人的心理活动特性，了解其性格特点和差异。情景模拟测试是将申请人安排在模拟仿真的工作环境中，要求申请人扮演某一角色并进入情景中，处理各种事务或问题、矛盾，以此考察申请人的工作能力和应变能力，以确认其是否能适应或胜任相关工作。情景模拟测试的方式主要有公文处理、工作活动的模拟、角色应对、现场作业、模拟会议等。

例如，中国矿业大学（北京）2019年北京世园会志愿者面试分为三部分：一是笔试，二是无领导小组讨论，三是面试官进行提问。

志愿者项目规划结束后，要根据大型活动的举办日期，适时启动并推进志愿者项目。良好的开始是成功的一半，所以合理选择志愿者招募的时间，是志愿者项目取得成功的有效保障。志愿者项目虽然不以盈利为目标，但是也要充分考虑其支出成本。因此，科学合理选择志愿者招募的时间既可以降低项目的运行成本，又能够保障项目的进度不受影响。

要适时启动招募工作。志愿者招募还有一个社会认知的过程，要在大型活动举办前一段时间内，启动志愿者项目，并进行广泛的社会宣传，阐明志愿服务的重大意义，使广大社会公众认识并了解志愿者工作，积极报名参与服务。

要适时启动选拔工作。从时间段上来说，选拔时间过长，会增加主办方的成本，同时也会造成效率的低下。选拔时间过短，无法对志愿者进行充分的考核，工作质量得不到保证。从时间点上来说，选拔时间过早，会导致志愿者的漫长等待，削弱已录用志愿者的热情，同时使未被录用的志愿者丧失志愿服务热情，也不利于全社会范围内志愿服务氛围的营造。选拔时间过晚，会影响到志愿者的培训及后续工作的开展，给大型活动带来不利影响。

从大型活动的实际经验和惯例来看，招募工作启动的时间一般在活动举办前一年或更长的时间，这主要是考虑宣传的需要及筹备工作的需要。而志愿者选拔时间的确定，则要根据项目的进度计划来确定。志愿者选拔工作完成的时间不能影响培训工作的开展。换句话说，选拔工作结束的最晚时间也是培训工作开展的最晚时间，这个时间点应该是整个项目计划里的里程碑。

五、打造志愿服务供需平台

利用信息管理技术，可以建立“供需对接”的平台，开发志愿者信息管理系统，利用这个平台实现对志愿者的登记注册、报名、选拔、培训等招募工作。

北京世园会采用网络报名方法，报名注册平台为世园会官方网站（http://www.horti-expo2019.com）、志愿北京网站（www.bv2008.cn）、“青春北京”微信公众号和“志愿北京”微信公众号，不接受线下报名。志愿者申请人首先注册成为志愿北京网站的实名志愿者，然后登录世园会志愿者报名系统，浏览基础知识，通过基础测试。组会委将报名注册和在线视频培训有机地结合起来，通过这样的方式既可以把在线学习成绩作为选拔依据，也进一步地传播了志愿服务理念。这种报名方式首先要求在网上进行答题，这就需要申请者掌握一定的志愿服务知识，才能最终入选志愿者库。完成了培训的志愿者在上岗之前对志愿服务有了大致的了解，选拔工作完成后就可以专注于专业培训和岗位培训。即使有的申请者没能成为志愿者，但也通过这样的平台学习到了相应的志愿服务知识，达到传播志愿服务理念的目的。

六、规范招募选拔

从空间结构上来说，志愿者招募的过程应该包括广泛动员宣传、建立工作运行机制、推进志愿者报名工作、做好志愿者录用工作等环节。从时间序列上来分析，按照招募工作的阶段性，可以将志愿者招募分为招募前（制定、发布招募政策）、招募中（建立工作运行机制、推进志愿者注册报名工作）与招募后（做好志愿者录用工作并做好效果评估）三个阶段。志愿者招募工作的经过如图 3–4 所示。

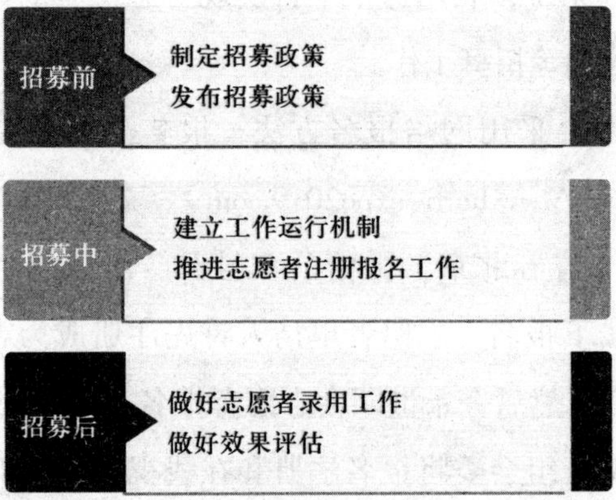

图 3–4　志愿者招募工作的经过

（一）建立完善招募的工作机制和运行机制，并确认招募需求

工作机制是工作程序、规则的有机联系和有效运行，工作机制是一个相辅相成的整体，贯穿于工作的各个环节。而运行机制

是具体的操作过程与状态，包括实际操作的一些措施，比如招募渠道的选择等，这些工作要在大型活动志愿者招募工作展开前充分完成。从服务对象层面来说，志愿服务会涉及对志愿者自身、活动的主办方、活动的主体、观众等群体的服务；从服务领域来说，志愿服务会涉及开闭幕式、联络、交通、餐饮、新闻、旅游接待、信息技术、翻译、医疗保健、安全、观众服务、代表团服务、活动主场地等。随着社会经济和科技的不断发展，大型活动对志愿者专业技术和综合能力需求也随之变得越来越多，更加需要接受过专业培训的高级志愿者人才。如，2018 年中非合作论坛北京峰会对语言类志愿者的需求，必须是专业志愿者或接受专业培训的人员才能胜任。

（二）广泛宣传动员并发布招募信息

一方面，制定大型活动志愿者招募的政策文件，通过各种渠道进行发布，让更多的人了解志愿者招募的通用政策，通过宣传让申请者对志愿者的服务领域、志愿者的基本条件、志愿者的权利和义务、招募方式、招募流程等有一个全面的了解。另一方面，在招募志愿者的过程中，通过宣传激发人们参与志愿服务的热情，鼓励更多的人成为志愿者，尽可能拓宽信息公布渠道，扩大信息资源的覆盖率。可以通过电视、报纸、公告栏等传统的传播媒介来宣传，也可以利用网络传媒等新载体，特别是建立专门的官方网站，为志愿者招募信息的发布和申请人申请注册提供便捷的平台。

（三）推进完善志愿者注册报名体系，并进行志愿者筛选

在大型活动志愿者招募过程中，注重发挥组织体制优势，构

建以某个部门为基础，其他相关部门共同参与协作的招募工作组织体系和工作运行机制。

大型活动志愿者招募工作组织体系构建完成后，按照组织体系内容开展招募工作，通常在大型活动组委会发布全面的招募信息后，就要分项、逐步推进志愿者的报名工作。志愿者申请人可以通过互联网或常规邮件的方式将申请表直接提供给组委会志愿者管理部门，也可以通过组委会委托的有关机构或部门递交登记报名信息。组委会负责审核志愿者申请人的信息，从中筛选出符合基本条件的申请人，结合报名人的基本情况、参加志愿服务经历等方面信息进行考察，采用知识测试、心理素质测试、水平测试等进一步选拔，最后利用面试、笔试、情景模拟测试等方式考核申请人的实战能力和应变能力等综合素质，从而选拔出符合需求的合格甚至优秀的志愿者。志愿者的招募一般分为通用招募和专业招募两大类。在专业志愿者的选拔方面，需要在测试和面试阶段制定相应专业的专门方案测试，以便为大型活动储备合格的人才。

（四）统筹做好志愿者的录用工作

进行筛选后，接下来需要进行志愿者的录用工作。将申请人的意愿与相应岗位的需求匹配，积极开展人选配岗工作，把志愿者人选落实到各个岗位，并进行合理的排班和调配。完成志愿者配岗匹配工作后，交由安保部门统一对配岗人员的信息展开审查工作，并将通过审查的志愿者名单反馈到组委会，然后才可以展开志愿者录用通知工作。将录用结果告知报名的志愿者，这也是志愿者招募录用工作的最终环节，此环节包括录用通知书的制作、录用通知书的发放、志愿服务承诺书的签订及回收三个阶段。

（五）志愿者招募工作评估

招募工作的绩效水平高低是看是否以较低的成本在规定的时间找到足够数量的合适人员。总体来看，主要从成本、招募计划的完成情况和录用人员与岗位的匹配情况三个角度来评估。成本一般包括招募成员人工成本、招募渠道费用、招募宣传费用等。在核算招募成本的时候，应重点突出必要开支并进行标记，为下次开展类似活动提供参考，避免成本过高的情况。招募计划的完成情况是指志愿者招募数量是否足够，面试利用率是多少，这些信息能够有效地帮助志愿服务组织方找到招募中存在的问题，有针对性地进行完善。录用人员与岗位的匹配情况可以从下面几个角度考虑：首先看人员的稳定性，志愿者上岗后是否在较短时间内离职、岗位变动频率多高。其次看使用者评价，在志愿者被录用后，各岗位负责人对该人员的评价是招募效果评估重要的一环。最后是志愿者自我评价，志愿者在服务中会有所总结和感悟，如果能收集到他们的意见、看法和心声，对后期开展的其他志愿者招募工作会有很大的帮助。

第四章
大型活动志愿服务运行阶段

志愿者是大型活动中极其重要的人力资源，接受培训是志愿者的权利，组织培训是志愿服务组织者应尽的义务。培训使志愿者了解志愿服务基础知识、掌握志愿服务技能，同时也可以激发志愿服务热情，进而全面提高志愿者自身素质和能力水平。

在完成了志愿者的培训等工作环节之后，大型活动志愿服务也就进入主运行时期。大型活动运行期的志愿者管理至关重要，它不仅关系到志愿服务工作能否顺利进行，还关系到整个大型活动能否成功举办。从关键环节来看，做好大型活动志愿者管理要抓住关键环节、主要矛盾，包括排班轮岗、团队建设、制度管理等环节，在这些环节上不出问题，整个大型活动志愿者的管理就成功了一半。

第一节　开展大型活动志愿服务培训

志愿服务培训是开展志愿服务的重要前提，围绕大型活动科学而合理地设计培训内容和形式，并取得相关经验，进而达到通过培训来促进志愿精神传播、志愿文化培育，是志愿服务组织方非常重要的任务。大型活动志愿服务培训主要流程如图 4-1 所示。

图 4-1　大型活动志愿服务培训主要流程图

一、分析培训需求

随着社会对志愿服务的认可度提高，越来越多的领域需要志愿服务，特别是一些专业领域也开始使用志愿者，各个领域的岗位对志愿者也提出了更高的要求。培训工作首先要确定需求分析，明确志愿者所需技能、责任和知识的过程，是志愿服务培训工作在内的所有志愿者管理工作的基础。通过需求分析，才能明确志愿者的职责，根据志愿者所服务岗位对于知识、技能和能力的要求，开展培训工作。此外，培训需求分析有利于对大型活动的运行进行前瞻性预测分析，以及培训成本的预算、培训活动的实施等。

二、确立培训目标

以“奉献、友爱、互助、进步”为主要特征的志愿精神和以“以志愿求公益”为核心理念的志愿者行动，对于构建和谐社会、提升民众的素质、改善服务行业服务质量和优化举办地人文环境都具有重要的意义。培训对志愿者产生的影响有以下多个方面：

（一）宣传志愿精神，培育志愿文化

文化的整合功能、导向功能、维护秩序功能、思想传续功能等使其在特定的范围内和层面上能够发挥巨大的作用，志愿文化也是如此。志愿文化的存在，使志愿活动有了持续发展的动力和活力。我们的志愿活动应在志愿文化的滋润和引导下进行，志愿文化的宣扬与培育也成为志愿活动长期开展的重要保障[1]。“奉献、友爱、互助、进步”的志愿精神，指导我们无私奉献、积极进取、共同成长。志愿者培训工作是志愿文化的重要载体，通过培训加强志愿者对于志愿者、志愿服务、志愿服务精神的理解，增强志愿者的志愿情怀，有利于志愿精神深入人心，从而带动整个社会弘扬志愿服务精神，让志愿精神生根发芽。

（二）提高志愿者的综合素质和服务能力

《中国青年志愿者注册管理办法》（试行）中对志愿者做了这样的定义：志愿者是指不为物质报酬，基于良知、信念和责任，自愿为社会和他人提供服务和帮助的人。在志愿服务的实际操作中，仅仅拥有热情是远远不够的，还需要有一定的志愿服务技能、服务规范、服务技巧和突发事件应对等能力，才能较好地完成志愿服务的工作任务，保障大型活动顺利开展。因此大型活动志愿服务必须要开展培训工作，没有经过培训的人员不能上岗。只有通过培训的志愿者，掌握了必要的工作技能，才能为大

[1] 张晓红，等．大型活动志愿服务组织与管理［M］．北京：中国青年出版社，2014.

型活动提供更恰当、更周到细致的服务。因此，将志愿者社会责任感和服务热情转化为优良的志愿服务，是志愿服务培训环节的重要使命。提高志愿者综合素质，保障服务质量是核心功能。

(三)完善个人发展，帮助志愿者成长成才

人的属性具有社会性，也就是说，一个人只有在群体中才能形成和塑造正确的世界观、人生观和价值观。志愿者在接受大型活动志愿服务培训中，一方面，可以培养良好的团队合作精神和个人吃苦耐劳的意志品质，帮助志愿者在一定程度上掌握相关的技能和知识，提高自身素质、沟通能力和处理突发事件的能力；另一方面，可以锻炼志愿者社会交往能力，扩大志愿者的交往圈，对志愿者的职业生涯规划也有一定的帮助。志愿者接受培训，是融入社会的有效手段和方法。通过培训，志愿者可以更好地适应社会，更好地得到个人的发展与能力的提升。马斯洛的需求层次理论启示我们，把个人时间、精力和技能贡献于社会是志愿者的愿望，也是他们参与志愿服务活动的动力。志愿者能够通过志愿服务满足他们个人的社交需求、尊重需求，甚至自我实现。

三、筹备培训工作

志愿服务培训工作要在大型活动组委会工作人员培训总体规划的框架内组织实施。筹备志愿服务培训工作主要包括调研规划、编写教材、师资队伍建设及培训基地建设等，如图 4-2 所示。

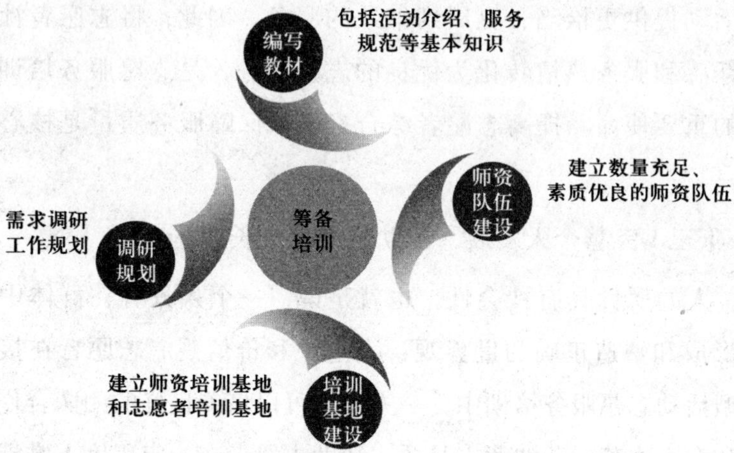

图 4-2　志愿服务培训工作主要内容

（一）调研规划

调研规划包括需求调研和工作规划。培训需求的调研工作可以与志愿者需求调研一起进行，在各部门提出志愿者数量、资格要求的同时，要求各部门设计并提交志愿者完成工作任务所需要的培训。在确定培训需求以后，应对培训的具体工作安排进行计划，明确培训的实施方法和责任单位，动员社会机构的力量，合理配置培训资源。

（二）编写教材

充分借鉴以往活动的成型模板，同时考虑志愿服务培训实用性、应用性的特点，再结合我国的实际国情来进行培训教材的编写。在内容上，应该包括活动介绍、服务规范、运行手册、应急救助知识等方面。在形式上，可以制作成包括文字、图表、图片、音视频文件等形式多样的纸质或电子培训教材。

（三）师资队伍建设

在明确志愿者培训的种类、数量以及参加培训的人员数量等基本需求以后，要建立起一支数量充足、素质优良、有丰富教学经验的师资队伍及专家顾问团队，对志愿者进行各方面培训，逐步建立大型活动志愿服务培训师资库。同时，还可以充分发挥网络远程培训的作用，增强培训方式的灵活性，方便受训人员参与，减少培训投入。

（四）培训基地建设

根据培训工作的需要，充分运用各种优势资源，发挥各级各类专门学校、图书馆和社区会所等多方面的力量，建立师资培训基地和志愿者培训基地，为培训工作提供切实保障。

四、明确培训对象

根据不同的志愿服务类型、规模以及不同的服务岗位，接受培训的志愿者分为通用型志愿者、专业型志愿者、骨干型志愿者三种类型。因此，大型活动志愿服务培训便可分为通用型志愿者培训、专业型志愿者培训、骨干型志愿者培训及其他对象的培训，如图 4–3 所示。

（一）通用型志愿者培训

通用型志愿者培训就是通过简单的知识和技能传授即可胜任志愿服务岗位的培训。通用型志愿者是指不需要特定的服务技巧就可以胜任的志愿者，在大型活动中，这类志愿者需求量较多。对通用型志愿者的培训，是基础的、必需的。通用型志愿者培训一般包括志愿服务基础知识、大型活动的概况介绍、应急知识培训、礼仪培训、外事培训等。

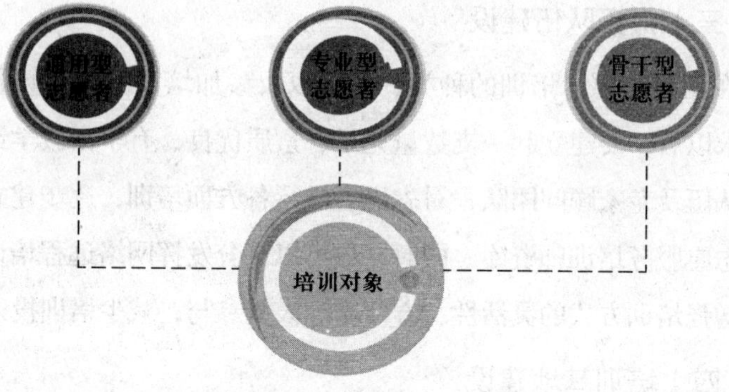

图 4-3　大型活动志愿服务培训的对象分类

（二）专业型志愿者培训

专业型志愿者培训是指以提高志愿者专业知识和技能为目的的培训，是为从事志愿服务、取得相关专业资格认证而进行的系统的、专业的培训。专业型志愿者需要进行相关专业和技能的培训和测试，他们主要是服务于一些有特别要求的岗位。

（三）骨干型志愿者培训

骨干型志愿者是由志愿者服务的业务部门或者团队按照一定比例，根据工作任务和性质，综合考虑志愿者日常表现、业务能力和综合素质，推荐产生的。骨干型志愿者在进行自身岗位服务的同时，还要参与志愿者团队建设，参与志愿者管理工作。对骨干型志愿者培训的目的，是培养和挖掘一批志愿者中的优秀领导者和组织者，使之胜任协助志愿者团队管理的工作，保障志愿服务任务的圆满完成。骨干型志愿者培训可以采用相对集中的、以“训练营”的形式开展，通过封闭实训、实践演练等方式，针对志愿者的特点和需求安排培训的内容，在持续时间、培训内容等方面体现骨干型志愿者的特点。北京世园会对全部骨干型志愿者进行分批、集中培训，培训内容包括“开营仪式—环境认知—团队建设—园区知识—岗位知识—志愿提升—培训总结—岗位对接”8大培训模块、16个主题。

（四）其他对象的培训

大型活动一般会聘用教师对志愿者进行管理，这类教师一般都来自志愿者、来源高校，由具有一定志愿服务经历的教师担任。一些大型活动为了提高志愿服务的管理和服务水平，会开展相应的志愿者领队教师培训，有的也称为志愿者督导教师培训。领队教师了解志愿者的基本情况，主要负责志愿者在服务过程的后勤保障和与来源单位的沟通，如学生志愿者的请假、交通等事宜。培训领队教师可以提高团队管理能力，深入掌握服务知识，提高领队教师面向志愿者开展志愿服务指导的能力，确保志愿者队伍能有序、高效地为大型活动提供服务。

五、明晰培训内容

（一）通用培训

通用培训是对志愿者进行志愿服务基础知识和基本技能的培训，主要包括以下的内容：一是志愿服务的基础知识，包括志愿者、志愿服务、志愿服务精神、志愿服务组织和志愿服务项目等在内的基本概念，志愿服务的历史与发展、志愿服务的意义和价值、志愿者的权利和义务等；二是志愿服务的基本技能，如应急常识、心理疏导、抗压能力、素质拓展、团队精神、礼仪常识等，有时也包括外语培训。

通用培训还包括一些团队培训，志愿者团队是志愿服务工作的基本单位，团队建设也关系着志愿服务的质量和水平，因此在一些国内外大型活动的志愿者培训中，通常会包含志愿者团队培训的内容，如团队工作方法和技巧等。志愿者在上岗之前，通过组建团队的方式开展一系列活动，在团队建设中学会竞争与合作，体会到团队协作的力量，发现自身的优势和不足，深刻体会志愿服务精神的内涵。团队建设活动可以促进之后志愿服务工作的开展，促进团队的交流，为大型活动志愿服务建设一支强有力的人员队伍。

（二）项目培训

项目培训，也称专业培训，为了区分专业型志愿者的专业培训，主要培训内容是所服务的大型活动的相关专业知识。项目培训的内容主要包括：一是大型活动举办地的基本情况，包括人文、历史、交通、名胜等；二是大型活动的基本情况，主要包括大型活动的简介、发展历程、主办方、规模和参加人员等。项目培训是为了让志愿者对所服务的大型活动有个整体概念，增加志愿者在服务过程中的责任感和使命感。

例如，根据北京世园会志愿服务的总体要求，项目培训设置了世园会相关的专业知识，如世园会基础知识、世园会志愿者文化标识体系、世园会总体布局、世园会游客服务、世园会国内外参展情况及特色参展项目、世园会大型活动及看点介绍、世园会园区内外交通网络、智慧世园等，帮助志愿者熟悉和掌握世园会运营的知识，提升志愿服务工作品质。

（三）岗位培训

岗位培训主要帮助志愿者明确所服务的岗位职责、要求等。一般在通用培训和项目培训之后，通过岗位培训，使志愿者进一步了解所服务的具体内容及所在岗位的分工、任务、业务流程等。在大型活动中，特别是体育赛事中，根据需要，岗位培训还包括场馆培训。场馆培训主要帮志愿者掌握与相应服务场馆有关的场馆比赛知识、场馆及周边的布局、内部设施及有关功能、场馆管理规章制度、观众服务要领等。

北京世园会还基于志愿者用人部门关键岗位的岗位职责、工作任务、服务流程、操作规范、工作技巧、紧急情况的处理措施等，拍摄了相应岗位服务规范的视频，为志愿者入园实习做准备。

（四）测试演练

测试演练是指开展医疗救护、应急处置、测试赛运行等相关的演练工作，以提高志愿者在实际服务中的适应性、提高志愿者操作水平为主要目的的培训。在实际操作中，志愿者不断学习和修正，在实践演练中接受检验。

北京世园会由志愿者使用部门组织实施，安排“志愿村熟悉”“园区环境认知”“岗位演练”，帮助志愿者熟悉工作区域、周边环境，掌握岗位职责、工作任务、服务流程、操作规范、工作技巧、紧急情况的处理措施等，并开展岗位演练。测试演练作为大型活动志愿者培训的主要内容，形式精准、效果显著，被越来越多的大型活动培训组织方广泛运用。

六、选择培训方式

（一）集中授课

集中授课是指一定数量的志愿者在指定的时间和地点，听取培训教师传授相关知识的培训方式。这种培训方式主要适用于通用培训或集中讲解的岗位技能培训。这种培训方式是针对高校志愿者常用的方式。

（二）网络培训

网络培训是指利用互联网开展培训。与传统的面对面授课相比，互联网培训具有以下特征：克服空间和时间距离的障碍；可以反复进行，录制的课程可以反复观看；教材和教学内容统一、规范；节约培训成本；可通过网络检测学习效果。

（三）研讨

研讨是目前比较常用的一种方式，在研讨的过程中，志愿者可以讨论志愿服务的相关知识和问题，加强学习的理解，提高志愿者运用知识的能力和综合素质。

（四）角色扮演

角色扮演是给志愿者提出一个场景，要求志愿者进行模拟演练，演练结束后，志愿者就演练情况进行讨论，共同提高认识的过程。

七、评估培训效果

培训效果的评估有利于帮助组织方调整培训体系和方案，它既是对整个培训项目活动实施成效的评价和总结，又是日后开展新的培训项目的重要基础，可以为以后的培训项目提供重要的借鉴。比如，2008年北京奥运会对志愿者培训项目的相关评估与总结为以后几乎所有大型活动的志愿者培训提供了重要的依据与借鉴。

培训的评估包含过程评估和效果评估。过程评估主要用于检查整个培训过程是否存在问题，即需求分析、计划和设计、实施阶段可能出现的问题。过程评估一般包括培训实施前的评估和培训实施中的评估。效果评估主要是确认志愿者培训是否达到预期目标，从而判断志愿者培训的有效性。效果评估是培训评估中最主要的内容。

对志愿者培训效果进行评估是测定培训工作是否有效的重要途径。培训考核包括出勤率、通用知识和专用知识测试、岗位技能测试等方面。对志愿者实行考核持证上岗制度，是有效保证志愿者培训效果的一种考核方式。可以从各个岗位的实际需求出发，对志愿者的通用知识、专业知识和岗位技能的了解掌握程度进行严格、全面的测试，从而确保每个岗位上的志愿者能够快速融入团队，了解业务知识、熟悉运行工作、掌握本职岗位技能。

第二节　管理大型活动运行期志愿者

一、建立科学的志愿者管理体系

（一）工作指挥体系

组委会层面，在总指挥调度中心下面成立志愿者工作组，专门负责协调与控制志愿者工作，处理各个领域志愿者工作运行中出现的问题，并在第一时间作出相应处理；场馆层面，实行场馆主任负责制的指挥运行模式，全权统筹协调各职能领域的志愿者工作，将各种问题在场馆层面得到解决；职能部门层面，各需求部门应该设立专门联络员，建立科学合理的轮班制度和考核制度，及时落实调配任务，组织各个岗位的志愿者有条不紊地开展岗位服务，提高志愿者的管理绩效，保障志愿者的服务质量；志愿者来源单位层面，志愿者所在的高校要按照大型活动志愿者工作要求，负责本校志愿者的招募、培训、内部管理、后勤保障以及与相应场馆的对接工作。由于志愿者来源单位可能是多个高校，为了提升工作效率、简化工作程序，通常会确定志愿者主要来源单位作为主责单位，负责与其他来源单位的联络、协调工作。

（二）组织管理体系

活动期间，根据场馆主任负责制建立起矩阵式组织管理体系，在场馆主任的统一领导下，建立起由志愿者业务口统筹、各业务口职能部门分口管理的组织管理体系（见图 4–4）。在实际运行中，志愿者业务口与各业务口的工作应该分工明确、联系密切、相互配合、协调一致。志愿者业务口负责组织志愿者的考勤考核，制定和落实激励保障等政策，指导、协调各业务口志愿者工作，维护志愿者工作秩序、纪律和权益，协调处理各种应急情况，负责信息编报工作等。其他业务口负责本领域志愿者的任务分配、排班轮岗等工作，并带领志愿者明确职责、各司其职。各业务口按照岗位需要，组建志愿者小团队，选派骨干志愿者充分发挥带头作用。

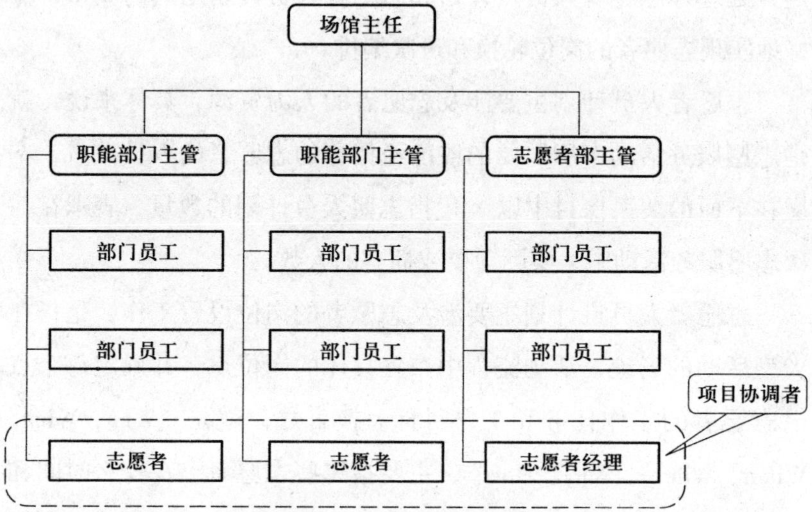

图 4-4　矩阵式组织管理体系

二、对接并安排志愿者岗位

（一）志愿者人员计划与志愿者人员点计划

在大型活动中，志愿服务的总体任务量较大，工作任务相对复杂且强度较高，这些情况都对志愿者的岗位设置提出了较高的要求。对复杂和多样的岗位进行编排、根据岗位设置确定人员数量，有助于志愿活动的组织者和志愿工作的管理者更加科学地编制志愿服务岗位计划，确保每一个志愿者的工作时间和工作量均等。在减少管理成本、保证工作衔接更加顺畅的同时，确保志愿者能够在劳逸结合、及时补充体力的情况下开展服务，更有效地提升志愿服务质量。

在设置志愿工作岗位的过程中，最为重要的是如何更好地确定并处理好志愿者人员点计划和志愿者人员计划之间的关系，更好地实现志愿者的岗位轮换和班次编排。

志愿者人员计划主要涉及志愿者的人力资源，具体来说，就是志愿服务活动中所需要的或已经招募的志愿者的人员数量，本文在下面的关系探讨中以 N 代指志愿人员计划的数量，表示在一次志愿服务活动中，实际需要或拥有的人数。

志愿者人员点计划主要涉及志愿者的岗位设置工作，是指在大型活动的场地、活动流程中布置具体的岗位点，并确定每个点上志愿者的工作任务和工作目标。换言之，就是“Who、What、When、Where、Why、How”，主要指哪些志愿者、在什么时间和地点、从事何种工作以及从事这些工作的目的和方式。我们以 M 代指志愿人员点计划的数量（志愿岗位点的设置总数）。

（二）不同情况下志愿者排班设置

志愿者人员计划和志愿者人员点计划之间的关系决定了不同的科学排班方式。志愿者人员的数量与志愿者人员点数量的比率决定了平均一个岗位点由多少个志愿者来轮流负责，而这种不同的轮流负责的方式决定了采取何种不同的排班计划。具体来说，有单日单组排班方式和多日多组排班方式两种。

单日单组排班方式主要是指所有志愿者在参与志愿服务的周期内，每一天都需要上岗服务，在一天内开展岗位轮换。

多日多组排班方式主要是指所有志愿者在参与志愿服务的周期内，不需要每一天都全天上岗服务，可能出现工作半天 / 一天 / 一天半以获得一定集中休息时间的情况。

（三）志愿者排班操作中的注意事项

志愿工作的“四不”原则，是指根据志愿工作的基本性质、基本规律以及志愿者的实际情况，有四类岗位工作不应交给志愿者来从事。具体内容如下：重体力劳动不承担；重大人财物管理责任不承担；有涉及生命安全和危险的工作不承担；有涉及生命安全和危险的技术设备的管理责任不承担。此外，还有一些其他的工作任务因其自身性质或相关规定，不适合由志愿者来承担。这些任务需要在志愿者岗位设置中予以充分考虑。

按照劳动法的相应规定，志愿者在一周内的工作时间不能超过 40 小时。同时，在高温酷暑等极端气候条件下，以及在客观工作环境相对不利的情况下，应尽量选择能够增加志愿者的休息频率和休息时间的排班方式，保护志愿者的合法权益。

在具体的排班方式贯彻过程中，仅仅依靠数学模型的测算是不够的，必须通过加强志愿者的团队建设、加大对志愿者的培训力度、建立完善的激励机制来提高每一位志愿者的责任感和凝聚力，以确保岗位之间的联系更加紧密；同时，通过培训和团队建设，确保在一些突发情况出现的时候，现有志愿者能够主动查缺补位。同时，志愿服务工作的组织者和管理者需要不断地倾听志愿者声音，了解志愿者在相应的排班方式下遇到的具体实际困难，及时发现并解决问题，以确保在岗位临时变更或因特殊情况而任务量增加时能够得到广大志愿者的充分理解和支持。

（四）志愿者排班案例

1. 2008 年北京奥运会

2008 年北京奥运会志愿者报名分为两大部分：一是志愿者

基本信息，用以进行身份识别和安全背景审查；二是志愿者志愿服务意向，包括赛事（奥运会、残奥会）、场馆、业务口、岗位、时间段、是否服从调剂等等。奥组委志愿者部和各场馆在充分尊重志愿者个人意愿的基础之上，通过考核、录用、培训等环节进行岗位匹配。同时为保护志愿者权益，明确单日最小班次为半日，各场馆志愿者依据实际情况对志愿服务进行排班（全天赛事的场馆分为早晚班，早班为8:00—15:00，晚班为14:00—21:00），每位志愿者会提前1 ~ 2天通过自己所在的业务部门选择上岗日班次，经过各业务部门汇总后报场馆志愿者经理办公室，志愿者部门通过组委会专用网络上传并打印报表完成排班，这样在志愿者上岗当日，志愿者通过身份注册卡就可以完成签到环节，便于组委会对志愿者进行管理和统计。出于对信息安全的考虑，系统仅仅可以通过短信和邮件对外与志愿者联系，而无法实现互通和互动。

2. **北京园博会**

北京园博会需要12.9万人次的志愿服务，平均每天要从1.3万多名志愿者中安排近700人上岗，而且其中约有85%是大学生志愿者，他们的日常课程安排比较紧密。基于这样的实际情况，志愿者组设计了一套具有推广价值的排班选岗系统。北京园博会志愿者的选岗采用两种上岗模式。一种针对社会志愿者，采取“先报先得”的排岗模式，志愿者们在网站前台通过社会志愿报岗页面选择自己擅长的岗位，如果岗位有空余可实时录取，系统自动发送短信通知。当岗位报满后，该岗位结束报名。如有志愿者取消报岗，则前台岗位自动开放报名，在T–1日（T为服务日期）

当天，系统锁定志愿者岗位名单。若临近报岗结束期存在岗位未报满的情况，则由志愿服务组织管理员通过线下组织动员报岗。另一种是适用于高校志愿者的抽签报岗模式。这种模式针对高校志愿者，在T-10日开始开放T日的志愿者岗位；T-5日系统的排班选岗模块自动抽签，并于当日8:00自动向所有参与报岗抽签的志愿者发送抽签结果通知信；T-2日系统锁定上岗名单；T-1日早上系统自动向T日上岗志愿者发送上岗短信。北京园博会志愿服务选岗排班系统具备几个显著优点。一是增加志愿者自主选择空间。这充分尊重了志愿者本人意愿，包括时间安排、岗位喜好、个人特长、人岗匹配度等各个方面。二是灵活度较高。志愿者在T-10日选择岗位后，如果发生情况变更，最迟可以在T-3日取消报岗，系统默认审批。系统的灵活性在很大程度上促进了志愿者的积极性，选岗的志愿者不用担心自己被规则锁定在某一时间段的某一岗位上，从而保证了更高的选岗和服务的积极性。三是便捷高效。排班选岗系统使各高校工作人员从繁杂的手动排班中解脱出来，这不仅简化了复杂的流程，而且避免了众口难调的尴尬。

三、加强志愿服务团队建设

团队凝聚力是维持团队存在的必要条件，如果一个团队丧失凝聚力，团队就像一盘散沙难以维持下去，并呈现低效率状态。而凝聚力强的团队，其成员工作热情度高、做事认真负责、能够不断创新。

（一）认识志愿者团队建设的重要性

志愿服务工作具有志愿性、无偿性、公益性、组织性四大特征。志愿者队伍的组建也具有临时性和不确定性，因此，志愿者团队的建设就显得格外重要。充分运用志愿者资源，组建一支稳定而高效的志愿者队伍，对于开展志愿服务是十分必要且有益的。可以说，大型志愿活动离不开志愿者，而有志愿者的地方就离不开志愿者的团队建设。以亚洲文明对话大会、北京世园会、中非合作论坛北京峰会等为例，其志愿者团队基本由高校大学生组成，他们经过了层层选拔，来自不同学校、不同专业，在相同场合甚至相同岗位做志愿服务。对于在社会工作中经验不足的他们来讲，要通过相互协调配合实现共同的工作要求，还是比较困难的。这个时候对志愿者进行相应的培训（即志愿者团队建设）就极为重要。团结高效、合作良好的志愿者队伍，能为志愿活动的圆满完成提供重要的人力资源保障。具体体现在以下几个方面。

1. 团队建设有利于加强志愿者队伍的凝聚力、提升志愿者主人翁意识

良好的团队建设则会使志愿者队伍拧成一股绳、有力一起发。良好的团队建设可以使团队成员对这支临时组建的队伍产生家一般的感觉，提升志愿者在志愿服务中的主人翁意识。同时，团队的领导让团队成员相互配合、相互适应，大家能够在短时间内培养团队默契，也为整个队伍创造了和谐、融洽的相处氛围，团队成员的归属感和认同感、主人翁意识自然提升。

2. 团队建设有助于搭建志愿者之间即时、有效沟通的平台

目前，大型活动的志愿者主体是大学生。相比于其他志愿者群体，大学生志愿者有着很大的优势，如学历高、能力强、组织协调管理水平比较高。同时他们也有一些不可避免的缺陷，如与社会接触较少、心理脆弱、难以适应社会上的工作模式。所以，对应志愿者岗位的工作要求，他们需要一个学习、实习、参与的过程。在相同或类似岗位的志愿者之间一般会有很多信息需要实时、有效地交流沟通。服务类的团队建设会提供相应的平台，这些平台包含沟通、联络的任务，可以对志愿者服务工作提供帮助，当有问题和困难发生时可以及时得到解决，从而提高工作效率。

3. 团队建设在一定程度上满足了志愿者的多元化需求

虽然参与志愿服务的志愿者起初动机可能各不相同，但是经过多项调查表明，成就感的获取、人生阅历的丰富、朋友圈的扩大等精神层面的动机仍然占主导地位。对于如何建设志愿者团队并将团队中的每个人融入团队建设中，以及如何处理好团队中的人际关系，从而将服务团体建设成为一个积极向上、互帮互助的志愿者团队，使志愿者的潜能得到更好的发挥，变成了现代志愿者团队建设的主要问题。解决这些问题，有助于激发团队中个体为实现志愿者队伍整体目标而不懈努力的动力，从而满足志愿者的精神需求。

（二）充分发挥团队建设优势

若要大型活动顺利地运行，则需要激发志愿者的热情、发挥团队建设的优势以顺利完成团队的目标。在很多大型活动中，如上海世博会、全国大学生运动会等，志愿者依据我国的体制优势和国际大型活动的惯例，在团队建设策略方面形成了很多新颖独特的、值得我们借鉴和参考的做法。

1. 优化团队组织结构体系

通常认为志愿者团队建设在大型活动中补充了志愿者自上而

下的管理体系，二者之间相辅相成、互相补充，有各自的侧重点，使志愿者管理的组织构架得到完善，志愿服务高效运行。在大型活动中，志愿者人数较多、规模庞大，所以一般情况下，志愿者团队为了增强同一岗位或者相邻岗位志愿者的交流与沟通，会在服务场馆下建立数个志愿者团队。依据大型活动志愿服务的需求特点和志愿者的群体特征，志愿者团队可以对其组织体系进行优化。如在大型活动志愿服务期间建立团队临时党支部和团支部，党员志愿者、团员志愿者的带头表率、迎难而上、不言放弃的精神可在其中被激发。

北京世园会志愿者来源单位按照组织全覆盖、党员有活动的原则，根据园区志愿者服务片区分别成立临时党、团支部，由各单位团委书记任临时党支部书记；各单位管理人员任临时党支部副书记，兼任临时团支部书记。社会来源志愿者统一成立党、团支部，由团市委负责人员任党、团支部书记。各个支部重点结合世园会志愿服务工作落实党建工作，把特殊时期党组织的政治优势、组织优势转化为管理优势、服务优势，以临时党支部为抓手推进志愿服务保障工作，以临时团支部为依托，这样志愿者喜闻乐见的团支部活动即可切实开展起来。

2. 开展多元化的志愿者团队文化建设

在团队组建和发展过程中逐渐形成团队文化，能增加志愿者的认同感、提升志愿者服务的积极性、提高工作效率。2020 服贸会在志愿者之家的设置上争取到了北京市国资公司和服贸会市领导小组办公室、场馆设施保障组、会展活动组的支持。在国家体育场（鸟巢）附场南侧的 4 间功能用房建立了服贸会志愿服务现场指挥中心，在国家会议中心及室外展区的北区和南区设立了4个志愿者之家，解决了志愿者休息轮岗和集体活动的场地需求，有力于形成团队文化。

由此可见，打造志愿者团队文化的建设，首先是树立志愿者“奉献、友爱、互助、进步”的志愿精神，传播帮助他人、为社会奉献的快乐和幸福感。从志愿者之家、休息室的布置能看出，团队充分考虑了志愿者的需求，为志愿者放松心情、缓解压力和疲劳营造了温馨舒适、积极向上的氛围，打造了一个丰富多彩的心灵家园。其次，采取共同分享目标、共同构建发展规划、共同设计团队徽标等方式来创造志愿者团队合作的情景，培养了志愿者认同团队的价值观，增强了团队凝聚力和向心力，使志愿者产生归属感。最后，注重帮助志愿者解决在服务中遇到的实际问题和困难，同时充分关注并理解志愿者。志愿者是自愿参与到大型的志愿服务活动中来，所以他们更希望得到尊重和认可，希望在志愿服务当中满足精神需求、实现自我的人生价值。

3. 选拔乐于奉献的志愿者骨干作为团队带头人

作为团队核心，团队带头人的基本素质和团队建设能力决定着团队建设的成败。目前，培养和选拔骨干志愿者已成为大型活动的惯例。其中，志愿者团队带头人的选拔尤为重要，必须从志愿服务理念、组织管理能力、人际交往能力以及创新精神等多个层面对带头人进行考察选拔，并且要对其进行有针对性、有计划性的培训和考核。团队带头人不仅要能够随时关注团队成员的志愿服务状况、及时发现问题并妥善处理，更要发挥上传下达的纽带作用，做好上下级的信息沟通，积极拓展渠道丰富团队建设的内容和载体。

北京的多次大型活动志愿服务都采取志愿者团队管理的形式，每个团队都由管理岗志愿者担任组长。每位管理岗志愿者都在培训和实战演练中经历多次考验，保证了作为团队核心人物的他们政治素养过硬、大型活动相关知识掌握牢固、团队协作能力和组织能力较强，在志愿者团队中发挥出榜样激励的作用。

4. 创新志愿者团队的激励机制

大型活动运行期间，志愿者团队要注重适时拓宽激励志愿者的途径，一般从团队整体和志愿者个体两个层面开展。团队整体层面，可以开展优秀团队评比系列活动，提升团队成员整体荣誉感，使志愿者更尽职尽责地在自己的岗位上服务；志愿者个体层面，要真正了解每位志愿者的需求，让志愿者切实感受到团队带来的温暖与关怀。

榜样激励，即为志愿者确立学习目标。志愿伙伴之间榜样的力量是很强大的。一是同一个团队的志愿者天天工作在一起，联系紧密，彼此的优势与不足都很清楚，只要每天服务结束前大家做一个简单交流并稍加评价和总结，自然能互通有无、取长补短。二是志愿伙伴之间有“趋同”的愿望。在团队中树立起优秀的典型人物，加强表彰和宣传力度，可以起到榜样激励的作用。榜样以身作则的品质和无私奉献的精神，极大地提升了志愿者对自身参与的公益事业的信任感，同时激发了其自身的学习潜力和服务积极性。

四、给予志愿者心理支持

志愿服务具有非营利性，志愿者往往出于成就心愿等动机参与志愿服务。在志愿服务中，对志愿者们给予心理支持非常重要。大型志愿活动往往具有工作压力大、服务任务重、推进节奏过快等特点，因此为志愿者们解决紧张、焦虑等负面情绪，并对志愿者进行科学恰当的心理疏导尤为重要。

北京园博会期间，由于时间长、距离远、工作压力大等原因，对志愿者的心理疏导就显得更为重要。人们积极探索多元化的志愿者心理疏导途径。组委会专门为志愿者调集心理咨询和心理疏导的团队，帮助志愿者缓解、摆脱负面情绪的影响，尽快投入到志愿服务中来。志愿者也积极进行自我减压，志愿者通过自编的简单、快乐的律动操来缓解、释放辛苦一天的疲劳和心理压力，调整服务状态，避免“情绪中暑”。部分高校也在志愿服务组设置了心理员特殊岗位，其任务就是及时发现在岗志愿者的负面情绪，诸如压力过大、情绪失控等，并采取有效措施帮助他们缓解、调适。“心理员”成了名副其实的“志愿者的志愿者”。

开展与志愿者的互动交流工作。加强与志愿者互动交流可以让志愿者感受到尊重，激发和保持志愿者的参与热情，提高志愿者对志愿服务的了解与认识，让其获得愉悦、难忘的参与经历。根据需要开展沟通交流活动，包括定期召开见面会、设立网络意见箱、建立网络家园和志愿服务热线等，也能够加强志愿者相互之间的互动和理解，增强志愿团队的凝聚力。慰问类互动活动主要是向志愿者送出节假日问候、生日祝福等。

加强对志愿者的宣传。社会公众和服务对象对志愿者的认可也是对志愿者有效的激励方式。因此，通过报纸、媒体、网络等途径大力加强对志愿者工作的宣传，积极倡导志愿服务，使社会大众加深对志愿者工作的认识与理解，提高社会大众对志愿者的尊重意识，营造出一种“人人争当志愿者，人人以志愿服务为荣”的氛围，能够让志愿者得到心理上的自我满足，增加自豪感，获得更多的社会认同和美誉。

五、建立志愿者督导机制

近些年，志愿者督导逐渐被引入到大型活动运行期间的志愿者管理中来。如何有效地对志愿者的服务进行科学、客观的考评，促进志愿服务水平的提升，是志愿者管理部门一直探索的问题。大型活动中使用第三方团队开展志愿者督导，一般由有丰富志愿服务经历的社会组织承担。他们从第三方视角观察志愿者的行为，并适时提出指导建议，做好对志愿者的激励、考核；大型活动中另外一种督导机制，是在志愿者管理体系中设立志愿者督导教师队伍，并选拔志愿者骨干成为督导教师助理。从多次大型活动的成功经验来看，越是对志愿者采取科学、合理的督导方法，就越能够激发他们的积极性和热情，进而提升志愿服务的整体水平。

志愿者督导需要有丰富的志愿服务经验。通过以往的实践活动发现，社会工作者、资深志愿者等都能够成为志愿者督导。研究表明，完成“制定政策指导志愿者活动，为志愿者提供适当的训练、定期的评估与肯定”是志愿者督导的主要工作。已有的大型活动运作经验证明，志愿者督导需要工作在服务一线，发现志愿服务中的问题并通过恰当的方式对志愿者及时提醒、纠正和调整，同时发现志愿服务中的亮点，这些都是考评整体志愿者服务质量和水平的因素。

在开展工作中，应该着重注意以下环节。一是接受有关知识的培训，这是志愿者督导上岗大型活动的基础。培训的内容不仅限于基本的志愿服务知识，还包括如何运用督导技巧等。督导员应在通过培训并考核合格后持证上岗。二是志愿者督导分为个别督导和团体督导，由督导和被督导的人数来划定志愿服务督导需求。在大型活动中通常会使用团体督导，因为大型活动的志愿者往往人数较多，而志愿者服务站点往往设立得较为分散，团体督导的方式可以让若干个督导员针对一个团队展开督导工作。三是志愿者督导的工作是隐秘的，这是为了督导员在不被志愿者发现身份的情况下巡查，以便能够对志愿者的服务作出客观评价。四是在志愿服务中，志愿者督导基于对志愿者言行举止的详细考察，作出合理、全面、客观的评价，并在遵守原则的前提下适当、及时、有效地给予志愿者指导和帮助。

第五章
大型活动志愿服务的保障与激励

对大型活动志愿服务的保障和激励，是确保大型活动顺利进行的基础。就大型活动志愿服务的保障而言，应当充分发挥政府和社会的作用，保障大型活动志愿服务能够得到充分的政策支持、资金保障、人力资源支持以及舆论关注。就大型活动志愿服务的激励而言，要善于运用各种外部和内部激励政策，充分调动志愿者的积极性，让他们持续高效地完成志愿服务工作。

第一节　提供大型活动志愿服务保障

保障，简单地说就是保证并促成行动完成的措施。志愿服务的保障指一切有利于志愿服务普遍、顺利开展并得到发展的各种支持条件和环境。在常用语境中，机制被解释为制度化了的方法。我们可以将志愿服务保障机制理解为使志愿活动得以合理开展、志愿者及其组织拥有适宜的条件来工作的各种直接或间接的手段、措施和方法。志愿服务保障机制的首要目的在于保障，其目的是保障志愿服务活动的顺利开展和有序进行。具体而言，志愿服务保障机制旨在保障志愿者在志愿服务活动中的合法权益，保障志愿服务组织和志愿服务项目的顺利运作，保障志愿服务对象和第三人的正当权益。

一、依托政府提供基础性保障

从政府层面的保障来看，保障的有效性最基本取决于保障制度的建设。这里的保障制度包括几个方面，如法律法规、筹资制度、注册制度等，其中法律法规和政策规定等是保障制度的基础和核心，[1] 如图 5-1 所示。

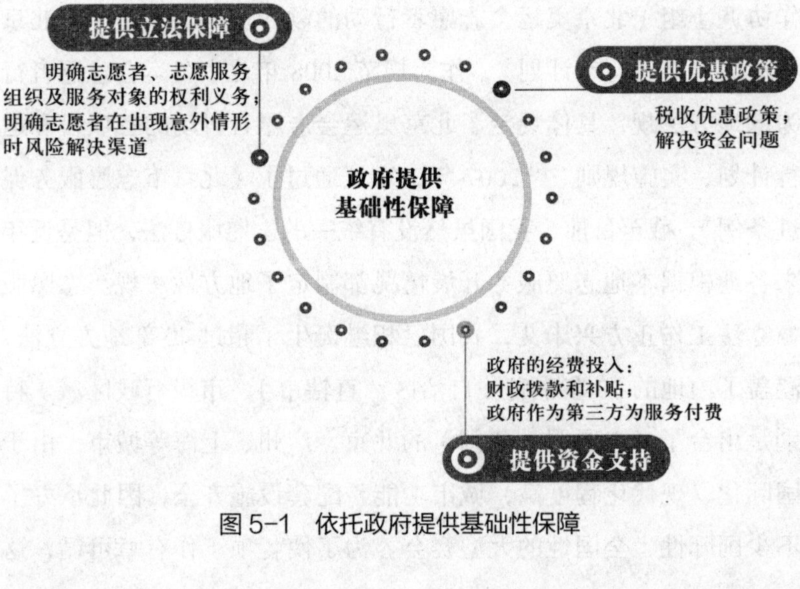

图 5-1　依托政府提供基础性保障

[1]　兰宇新 . 大型活动中大学生志愿服务的机制建设研究［D］. 上海：华东师范大学，2008.

（一）提供立法保障

法制化是为大型活动志愿服务提供保障最为重要的途径。将志愿服务保障纳入法制化的轨道既借鉴了西方发达国家的成功经验，也符合建设中国特色社会主义法治国家的要求。通过立法明确志愿者、志愿服务组织及服务对象的权利、义务，明确志愿者在从事志愿服务过程中遭受人身意外伤害、罹患疾病、财产受损等情形时，志愿组织和志愿服务对象应该为其提供相应的风险解决渠道，以解除志愿者的后顾之忧。这样有利于志愿者提高积极性，有助于促进志愿服务事业的发展。例如，为了让 2008 年北京奥运会志愿者工作有法可依，2005 年 6 月，北京奥运会志愿者工作协调小组（北京奥运会志愿者行动的领导机构）颁布了《北京奥运会志愿者行动计划》，作为规范 2008 年北京奥运会志愿者行为的地方法规，具体规定了北京奥运会志愿者行动的各项目和运行计划、实施规则。[1] 2007 年，审议通过了《北京市志愿服务促进条例》。截至目前，我国虽然没有统一的志愿服务法，但是近年来各地根据本地志愿服务开展情况都制定了地方性法规。志愿服务立法工作正方兴未艾，我国已相继诞生了超过 40 部地方立法，涵盖了内地的 30 多个省（自治区、直辖市）、市级行政区域。特别是出台了《志愿服务条例》的北京、广州、上海等城市，由于国际化、现代化程度高，城市功能、配套设施齐全，因此承办了不少国际性、全国性的大型赛会。为了使各项工作有章可循，这

---

[1] 刘伟华．大型活动中志愿服务的发展研究——以广州市番禺区为例［D］．长春：吉林大学，2011.

些城市健全的制度保障不容忽视。然而各个地方立法只是提供一般性的法律框架，仅具有普遍指导意义，因此有必要针对特定领域的具体活动制定具体化政策，给予明确的规范约束及保护支持，这样才能使志愿服务活动能够有理、有序、有力、有利地开展。

（二）提供优惠政策

志愿者的服务虽然是无偿的，但是志愿服务却是有成本的，这些成本包括志愿服务组织成本和志愿者个人成本等。如志愿者的培训费用、办公场地租赁费用以及志愿者保险等志愿服务项目运行的必须投入。没有充足的资金就很难维持服务项目的正常的运转，志愿者的基本权益得不到保障，就会影响志愿服务的提供。从国外的成熟经验来看，政府的税收优惠政策在解决志愿者活动资金短缺中能起到积极和重要的作用，它可以鼓励社会各界慷慨解囊，支持志愿者的公益活动。因此，2008 年北京奥运会志愿服务在遵循国际惯例的基础上结合了中国实际国情，政府制定了具体的税收优惠政策，比较成功地解决了资金问题。

如 2008 年北京奥运会期间，财政部、国家税务总局、海关总署联合发布关于第 29 届奥运会税收政策问题的通知，规定个人向第 29 届奥运会组委会、中国奥委会、国际奥委会，北京市人民政府向建设项目捐赠的资金，未超过其申报应纳税所得额 30% 的部分，可从其应纳税所得额中扣除；个人捐赠、赞助的物资，由接受捐赠的单位与其签订捐赠、赞助物资合同，并开具收据。收据中除标明捐赠物资的种类、数量外，还需要对捐赠物资按协议或市场价格计价，计价金额未超过个人申报应纳税所得额 30% 的部分，可从其应纳税所得额中扣除。对企业、社会组织和团体捐赠、赞助第 29 届奥运会的资金、物资支出，在计算企业应纳税所得额时予以扣除。比如，2008 年北京奥运会城市志愿者项目运行获得了中国移动的专项捐赠，2008 年北京奥运会成果转化项目也获得 Visa 管理机构的定向捐赠，等等。此后，各项大型赛会活动继续推广和运用奥运做法，取得了比较好的效果。

（三）提供资金支持

由于我国志愿服务的发展尚处于起步阶段，社会力量对志愿服务的支持和参与程度不足，因而政府在推动志愿服务的发展过程中除了提供立法和相关政策保障外，还直接投入资金支持志愿服务工作的进展。在大型活动志愿服务项目运行资金投入方面，政府是主要的投入方。政府的经费投入方式一般有两种。

一是财政拨款和补贴。如 2010 年上海世博会期间，对整个志愿者的经费投入方式，叫“三个三分之一”，即办博经费和财政投入达到 1/3，面向社会筹集 1/3，基层单位大概承担 1/3。以北京市参博志愿者运行团队为例，此次活动涉及选拔推荐、培训、交通、食宿、服装、通讯、体检、宣传激励、总结表彰等各项费用预算 739.36 万元，报北京市财政局审批后由财政承担。按照志愿者保障“B 类参照 A 类”的原则，北京市对志愿者的各类保障进行了总体设计和安排。其中，A 类志愿者由上海世博局统一负责，志愿者身着世博会志愿者服装，餐饮和住宿都在上海海事大学，费用由北京市方面支付。B 类志愿者由北京市方面自行负责，其中志愿者的上衣、外套和裤子由北京市参博运行团队统一发放，餐饮和住宿由北京方面自行安排。由此可见，政府财政投入在整个资金来源中占比很大。

二是政府作为第三方为服务付费。除了政府财政拨款外，志愿组织向有资格享受某些政府服务项目的人提供服务，而由政府或公共服务机构支付服务费。如2008年北京奥运会期间，朝阳区政府文明办向北京瀚亚文化发展中心购买培训服务，由北京瀚亚文化发展中心为4 000多名来自街道的观众及城市志愿者进行人文奥运文明礼仪系列、奥运志愿者系列等培训。这也是政府对志愿组织提供资金的方式。

二、依托大型活动组织方提供综合性保障

大型活动是一项有目的、有计划、有步骤地组织众多人参与的社会协调活动，活动的发起和组织机构即为大型活动的组织方。在确定了大型活动需要设立志愿服务项目时，大型活动组织方会确立志愿服务项目的主责机构，设立独立的志愿者部来负责组织、管理志愿服务活动开展。大型活动组织方作为大型活动的中枢及志愿服务部的上级主管部门，则要为志愿者部提供支持，保障志愿服务活动的顺利开展，进而使大型活动能够成功、圆满地举行。

（一）提供基础保障

大型活动志愿服务的基础保障分为硬性保障和软性保障两类。硬性保障指那些缺失就会导致活动无法开展志愿服务的保障内容，如证件、服装、餐饮、保险等。软性保障指那些缺失就无法更好地进行志愿服务的保障内容，如住宿补贴、通信补贴等。

志愿者从事志愿服务活动不但不能取得任何报酬，还要奉献

自己的时间、精力、技能等资源，应该说志愿者已经承担了相当一部分志愿服务的成本，如果还要让志愿者承担更多成本，如从事志愿服务时的餐饮、交通、通信等，无形之中就会加重志愿者的负担，打击人们参与志愿服务的积极性，不利于志愿服务活动的普及。因此，这部分成本应该由志愿组织和志愿服务对象来承担。随着志愿服务的不断普及和深入发展，志愿组织和社会公众对于志愿服务完全无偿的不正确认识已经转变，尊重志愿者的劳动并对志愿者的基本生活权利给予公共保障的社会认知越来越浓，相关部门不仅为志愿者提供活动相关的费用如车费、通信费、基本食宿乃至最低的生活费用，且对其有了各种人性化的生活保障措施。

例如，为了让志愿者能够解除后顾之忧、安心开展服务，北京世园会执委会开展了大量的工作，为志愿者提供服务保障。住宿方面，北京市延庆区将区委党校宿舍作为园区志愿者驻地，提供 696 张床位；出行方面，安排了从志愿者驻地到园区的摆渡车；志愿者在服务期间的用餐与正式工作人员保持一致；为每个志愿者配备雨衣、花露水、润喉糖等必要的保障装备；在园区游客相对密集的点位设置了 30 个志愿服务岗亭，供志愿者开展工作使用；北京市志愿服务联合会将园区志愿者纳入全市志愿者的统一保障当中，由中国人保财险承保，给每位志愿者提供 150 万元保额的人身意外伤害险；园区内建立志愿者之家，作为志愿者开展团队建设、服务保障、展览展示以及工作团队办公及会议的场所；每位按要求完成志愿服务的志愿者都将获得由北京世园会颁发的志愿服务证书和纪念品。

（二）提供健康保障

在组织集中性大型活动志愿服务的过程中，应本着以人为本的精神，切实尊重志愿者的生命健康权，为志愿者提供必要的工作环境，对志愿者的身心健康负责，确保志愿者能够以最好的身心状态投入工作中。

1. 提供身体健康保障

2020 年北京服贸会期间，志愿服务组织方探索线上志愿者培训模式，搭建远距离政务 1.4 G 指挥调度系统，建立志愿者集中住宿、闭环管理体系，完善应急预案。全天督导各展区和志愿者之家的环境消杀等情况落实，主动联系对接各区域医疗点位，畅通快速响应机制，形成大型活动志愿服务的北京经验。

2. 提供心理健康保障

除了关注志愿者的身体健康外，近几年来，特别是北京奥运会后，各志愿者部门开始重视志愿者心理健康方面的问题。众所周知，大型活动志愿服务的很多岗位每天都在重复单调的工作，有时候还会发生得不到志愿服务对象理解的事情，这很容易使志愿者产生一些心理问题，因此很多大型活动志愿者部门会为志愿者提供心理方面的测评、咨询及治疗，解决志愿者心理方面的困扰，确保志愿者身心均健康。如第 29 届世界音乐教育大会为本届大会所有志愿者提供专业心理测评系统，及时为心理测评结果异常的志愿者提供心理援助，并提前调查所有志愿者的身心健康状况，为志愿者提供心理健康预先保障。

3. 为志愿者购买保险

随着志愿服务的不断发展，志愿者的风险保障也成为了必然趋势。在志愿者从事志愿服务过程中，随着我国志愿服务体系的不断规范，越来越多省市的志愿者立法开始关注志愿者的权利，强调志愿组织和志愿服务对象应该提供相应的风险解决渠道。志愿者的立法中有关志愿者权利方面的法条越来越详细，一些省市的条款里明确规定志愿服务组织可以根据需要为志愿者购买商业保险，因此在大型活动中为志愿者购买商业保险成为惯例和必需工作。2008 年北京奥运会、北京世博会、北京亚运会、2014 北京亚太经合组织峰会等大型活动期间，活动组织方均为志愿者购买了商业保险。这些保险保障措施使得志愿者在权益受损时可以获得更为充分的保障，解决了志愿者的后顾之忧，提高了志愿者的积极性。

（三）提供个人发展支持

每个志愿者在志愿服务活动之外都要面临就业、评优等个人发展问题，如何把志愿服务的经历与个人发展有机结合，使志愿服务的经历能够成为个人发展的有利因素，是推动志愿服务长足发展的关键所在。随着志愿服务研究的不断深入，很多志愿组织开始关注志愿者的个人可持续发展，并把这种关注贯彻到志愿服务的实际中。

如 2008 年北京奥运会期间，在志愿者岗位分配上就本着尊重志愿者个人意愿、充分发挥志愿者个人特长的原则，为志愿者提供了有价值的志愿服务经历。北京奥组委在公开招募志愿者时，精准采集了志愿者个人信息，特别是志愿者个人兴趣、特长。在分配志愿者岗位时充分考虑个人所填报信息，如安排有语言特长的志愿者到语言翻译岗位，安排具有医学专长的志愿者到急救岗位或协助比赛场所的兴奋剂检测等。从志愿者的兴趣、爱好、特长出发，使志愿者承担的任务、责任与其身份相适应，做到了人尽其才，志愿者通过志愿服务获得了今后个人发展的经验积累。

（四）提供组织管理保障

大型活动具有志愿者数量多、服务领域广泛的特点，为了避免组织管理体系杂乱、各种资源整合不力、运行欠规范等弊病，活动组织方必须提供良好的组织平台和管理保障。2008 年北京奥运会志愿服务的一个突出特点，就是虽然参与这次活动的志愿者规模宏大、服务场馆和竞赛项目数量众多，但是整个组织架构有秩序、有层次、有分类，衔接得当，基本上没有发生管理混乱不清的现象。其成功运行的主要原因，得益于场馆—高校—区县这一全面覆盖、上下联动、职责清晰的组织管理运行体系的建立，统筹了人、财、物各类工作资源，保障了赛时各项工作运行顺畅，实现了对各类志愿者群体的全场服务。

2008 年北京奥运会、残运会期间，北京奥运会志愿工作协调小组是奥运会志愿者工作的最高管理机构，履行奥运会志愿服务工作的总体统筹、统一指挥和综合协调职责，其办公室设在北京团市委。北京团市委充分发挥体制优势，最大限度地整合资源，横向方面依托协调小组，积极协调各单位支持志愿者工作；纵向方面对上建立与团中央等中央有关单位的良好合作关系，对下建立与高校、区县、场体馆之间的运行体系和工作机制。围绕办好 2008 年北京奥运会这一活动主题，做到了人员落实到岗、资金安排到位、物品落实到人。

三、动员社会各界提供资源性保障

（一）媒体保障

大型活动具有参与人数众多、社会关注度高、传播渠道多样化、传播受众广等特点。在大型活动过程中通过引入志愿者、开展志愿服务宣传、创设志愿文化品牌来形成志愿服务的良好舆论环境，这不仅为顺利完成大型活动志愿服务项目运行提供了强有力的保障，而且能借助公众对大型活动的关注唤起公众对志愿服务精神、理念的认同及重视，提高志愿服务公众知晓率和支持力。

例如，2008 年北京奥运会、残运会期间，奥组委通过各种媒体向公众宣传志愿活动，奥组委官方网站志愿者频道（http：//www.beijing2008.cn/volunteers）成为发布志愿者信息、展示志愿者风采的综合平台。从 2006 年 8 月志愿者招募启动至奥运会结束，奥组委官网志愿者频道开设了好运北京测试赛志愿者、志愿者风采、志愿者手记等多个专题，刊发志愿者信息 4 000 余条、志愿者手记 2 万余字，成为媒体和公众了解志愿者消息的官方渠道。志愿北京网站（http：//www.bv2008.cn）推出了志愿者报到、志愿者人物等专题，及时上传一些志愿者信息，为媒体提供新闻线索。通过一系列社会活动如志愿者主题口号征集、主题歌曲评选、志愿者故事征集以及大型晚会、推出奥运志愿“微笑圈”等活动传播志愿精神，扩大志愿工作的社会影响力。奥运志愿服务宣传活动的启动和全面开展，吸引了全社会的目光，提高了志愿服务的公众知晓率和支持力度，树立了北京奥运志愿者的良好形象，营造了全民关心、参与志愿服务的良好社会氛围。

（二）社会组织和个人保障

社会组织和个人的保障作用体现在资金和人力资源供给两个方面。

一是资金供给方面。由于大型活动本身具有较大的社会影响力，再加上政府及组委会的鼓励，向大型活动志愿服务定向捐赠已经逐渐成为很多企业进行品牌营销、打造企业文化的重要战略手段，也是企业履行社会责任的重要方式。在大型活动举办时，全社会参与捐助的热情高涨，各类定向捐助项目可以承揽某项志愿服务具体保障项目的经费需求。比如服饰企业对志愿者的服装赞助、通信企业对志愿者的话费补贴等。

二是人力资源供给方面。由于大型赛会活动具有规模大、项目多等特点，不仅需要大量的志愿者为其提供志愿服务，还需要各级各类专业人才为志愿者和志愿服务的开展保驾护航。北京奥运会有个特别的称谓——志愿者的二次方，指的就是这些专业人士。这些专业人士包括：无偿为社会志愿者提供英语培训的北京高校教师和各英语培训机构的讲师；义务将奥运志愿者歌曲送上太空的中国航天人；志愿加入奥运会成果转化工作的科研志愿者；将志愿者旗帜插到南极大陆的科考队员；将志愿者标志送上珠峰的火炬传递团队……

综上，大型活动志愿服务保障工作的开展及保障机制建设在历经 2008 年北京奥运会、上海世博会、南京青奥会等大型活动的实践与创新后，已日渐成熟与完善，也为常态化志愿服务的保障工作提供了有益的借鉴。

第二节　构建多层次、持续化的激励机制

志愿者激励就是志愿组织管理者通过各种方式满足不同志愿者的不同个体需要，以调动志愿者积极性，实现活动组织方目标的过程，如图 5-2 所示。

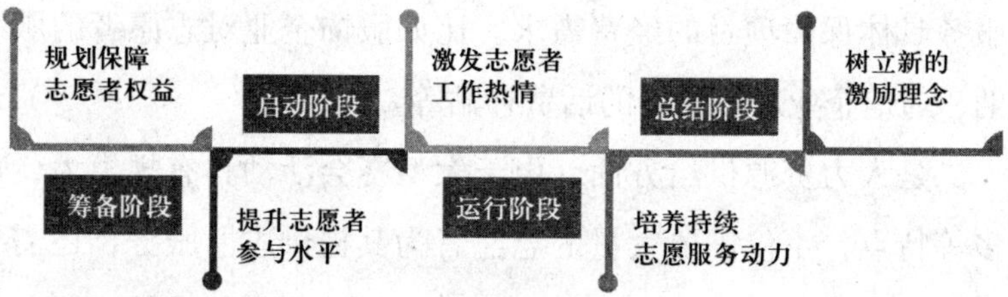

图 5-2　志愿者激励过程

一、筹备阶段规划保障志愿者权益

在大型活动志愿者招募计划制订完成后，就要开始考虑在各个阶段如何充分考虑志愿者的感受，激励志愿者踊跃报名、热情服务。在筹备阶段，激励的内容包括政策激励和招募培训激励两个方面。

（一）政策激励

政策激励主要指政府、企事业单位制定各种规则法规、政策，解除志愿者的后顾之忧，以及明确社会各单位的责任和义务等。相关单位服从大局，为志愿服务提供便利，对于志愿服务工作有

很大的激励作用。特别是对于高校学生来说，参与大型活动志愿服务肯定会影响正常学习，若合作高校采取为志愿者提供课程调整、组织教师队伍为参加志愿服务的学生补课等措施，就为解除学生志愿者的后顾之忧产生积极作用。这些人性化政策的出台，有利于激发志愿者的工作积极性，促进志愿服务事业的发展。

（二）招募培训激励

志愿者在选择报名之前，非常希望了解工作条件、环境、岗位内容、劳动场所等情况，以及能提供的交通、餐饮或其他保障待遇等。因此，在招募公告中要尽可能详细描述工作内容和活动的情况，以及福利待遇。培训是大型活动志愿服务的主要环节，也是激励志愿者参与大型活动志愿服务的主要途径之一。志愿者通过志愿服务培训可以免费学习到很多其他方面的专业知识，获得了自我发展的机会，从而提升了个人整体素质。例如，北京世园会引入曾参与过 2008 年北京奥运会、上海世博会、西安园博会等大型赛会志愿者培训的专家团队全程参与项目规划和实施，并针对志愿者群体以青年为主的特点，通过图文并茂和实景再现的方式开展培训，确保培训工作的专业性、系统性和科学性。通过培训，志愿者收获颇多，培训也成为吸引和激励志愿者的有效方式。

二、启动阶段提升志愿者参与水平

启动阶段的激励主要是为了达到目标激励、使命激励的目的，让志愿者产生归属感、认同感。在启动阶段，建设一个良好的文化氛围和组织环境，是激励机制中不可或缺的部分。例如，北京奥组委、北京奥运会志愿者工作协调小组组织形式多样的活动，宣传“我参与、我奉献、我快乐”的奥运志愿精神；组织奥运志愿者誓师大会，在会上庄严宣誓“我志愿成为一名光荣的志愿者，我承诺：尽己所能，不计报酬，帮助他人，服务社会，践行奥运精神……”这诠释了志愿精神，鼓舞了士气；奥运志愿者统一佩戴被赋予乐于助人、学习进取、文明礼仪、诚实守信、保护环境五种象征意义的红、蓝、黄、黑、绿五色“微笑圈”手环，在志愿者群体中形成了强烈归属感的同时，又时刻提醒志愿者勿忘自己的使命，努力工作，等等。通过各种主题活动和文化产品打造志愿服务文化，树立2008年北京奥运会志愿者的良好形象，激励志愿者以更好的服务方式投入到志愿服务中。2008年北京奥运会之后，上海世博会借鉴了2008年北京奥运会的做法，强调通过营造浓郁的组织文化氛围对上海世博会志愿者产生巨大的凝聚力和号召力，激发他们的工作热情。

三、运行阶段激发志愿者工作热情

在活动开展中，项目组负责人要实施一系列措施，鼓励成员相互倾听、合作，定期向他们传递各种信息，如服务项目的进展、相关资料、工作经验等，以激发志愿者的积极性。更重要的是，有必要经常性地对志愿者的工作和付出表示感谢和认可，以满足他们的认同心理。

（一）宣传激励

通过新闻媒体的宣传树立志愿服务的品牌形象，是持久产生品牌影响力、吸引并保留志愿者的有效方法。一方面，组织大众媒体对志愿者活动进行宣传激励。例如，第29届世界音乐教育大会志愿者誓师大会当天就有新华社、人民日报、光明日报、北京电视台、中国教育报、京华时报、北京晚报、北京晨报等近20家媒体进行了报道，同时相关新闻得到了新华网、人民网、网易、腾讯、MSN中国、千龙网等20余家网络媒体的关注与宣传，媒体的高度关注带给志愿者很大的鼓励，志愿者的志愿服务热情高涨。除新闻媒体外，其他大众传播媒介也可展开全方位、立体化的宣传阵势。另一方面，志愿者自我宣传。这主要指志愿者群体统一着装时尚的志愿者装备（如“微笑圈”、志愿彩等）。这些通过群体识别效应形成的激励，将社会认同带给志愿者，并转化为志愿者的自我认可和自豪感。

（二）情感激励

在组织大型活动志愿服务的过程中，志愿者工作组织方从生活、工作、心理等方面关心志愿者，开展形式多样的情感型激励，比如为志愿者举行交流聚会、小型生日会等；在志愿者上岗时、离岗前送上寄语，在日常为志愿者送上天气预报等日常信息；关心志愿者生活；建立志愿者呼叫中心；装点志愿者休息区、志愿者服务处，为志愿者提供心理辅导等。通过这些使志愿者感受到家一般的温暖，营造和谐和睦的集体氛围。除了生活上体贴入微的人性关怀外，领导的看望与慰问对志愿者来说也是一种莫大的激励与鼓舞。领导深入志愿者中间，与志愿者进行面对面的沟通和交流，及时感谢和表扬有突出表现的志愿者，满足了志愿者获得认可、希望得到重视的需求，从而激发志愿者服务的积极性与主动性。例如，在北京世园会闭幕式上，时任中央政治局常委、国务院总理李克强同志对志愿者勉励，并与志愿者合影留念。其间，时任中央政治局委员、北京市委书记蔡奇同志亲切与志愿者们交流并为志愿者们点赞。北京市委组织部、团市委以及各志愿者来源单位的负责同志也分别到现场慰问激励志愿者，各国参展嘉宾和广大游客也纷纷以不同的形式表扬称赞北京世园会志愿者。

四、总结阶段培育持续志愿服务动力

在志愿服务项目结束后，给予志愿者认可、出具含有工作表现内容的荣誉证书、发放有纪念意义的纪念品、发动媒体宣传志愿者活动情况等，都可以达到满足志愿者自我价值实现的需要。

（一）荣誉型激励

这是一种比较常见的、也是对志愿者最普遍的激励形式。荣誉是组织对个体或群体的崇高评价，是满足人们的自尊需要、激励人们奋发进取的重要手段。大到政府颁发的志愿者金奖，小到街道社区颁发的优秀志愿者奖励等都属于此种类型的激励机制。根据授予荣誉的机构不同，可以分为以下几个层次。

1. 志愿服务组织方授予的荣誉

即根据志愿者参与志愿服务的情况给予称号或授予荣誉。例如，北京世园会志愿者服务完成后，由志愿者部核定每个志愿者的服务时长和考核结果，对合格的志愿者制发服务证书。

2. 大型活动主办方授予的荣誉

即承办大型活动的相关政府部门根据服务效益和评估结果对志愿者团队、志愿者、志愿项目进行评奖、颁发荣誉称号。如2008年北京奥运会、残奥会承办机构——北京市政府对优秀志愿者，优秀志愿服务集体进行表彰激励。

3. **来自国家的表彰**

由于大型活动的举办有可能因志愿者工作组织参与广泛（比如 2008 年北京奥运会、残奥会），参与该项志愿服务工作的除了高校志愿服务组织、企业志愿服务组织等，还有来自各省、自治区、直辖市的共青团组织。奥运会结束后，中共中央、国务院等在全国范围内进行表彰激励。

不同层级荣誉激励的重点有所区别。政府授予的奖励在社会上宣传广泛，同时志愿者可享受一些政府荣誉称号的相应待遇。相关政府部门授予的奖励在系统内部广为传播，可提高志愿者的公众影响力。志愿服务组织方授予的荣誉让获奖的志愿者在组织中得到尊重、感到自豪。无论哪个层次的表彰、奖励都满足了志愿者获得社会尊重和认可的需求，使志愿者感到服务的价值、产生服务的自豪感，激发了志愿者的工作积极性。

（二）回馈型激励

尽管大多数志愿者在参与大型活动志愿服务的时候，往往出于高尚、无私的奉献动机，没有考虑需要什么回报，但是，有必要动员社会各方面的力量，包括政府机关、企业、高等院校、社会团体、行业协会等对积极参加各项大型活动志愿服务的志愿者给予各种各样的支持、鼓励，使他们的尊重需求、安全需求、自我实现需求能够得到满足，他们对志愿服务工作就会更加认同、支持，进而更乐于把他们的技能奉献给组织。经过 2008 年北京奥运会、上海世博会、广州亚运会等一系列大型活动的开展，整个社会在不断探索和建立志愿者服务的回报反馈机制，并取得了积极的成效。回馈激励机制形式的探索是多种多样的，目前主要有以下几种。

1. 对按要求完成志愿服务的志愿者，公共文化场所给予其一定的优惠待遇

比如志愿者在完成志愿服务工作后，在办理公共图书馆借阅证，参观游览政府投资主办的公园、景区景点、博物馆、展览馆等场所，或进入政府投资主办的各种体育健身场馆活动时，可享受一定的优惠待遇。此外，某些大型活动为表达对所有志愿者的感谢，会组织志愿者免费参观大型活动区域，只要出示本人志愿者证件即可进入参观。

2. 在招收公务员、招工、升学、学分考核、职称评定等考量时，有关单位对符合条件的志愿者在同等条件下优先录用、录取

特别是面向大学生志愿者，一些大型活动会规定大学生志愿者可奖励学分、推优入党，或是鼓励各级政府部门在招录公务员时将志愿者服务经历纳入公务员录用参考因素中，在同等条件下优先聘用、录取有良好志愿服务表现的志愿者。

3. 向志愿者发放大型活动或大型活动志愿服务纪念品等，对志愿者进行物质激励

例如，北京世园会为每个合格完成规定时限服务工作的志愿者提供专属定制纪念册，以记录志愿者服务的精彩瞬间、激发志愿者的服务热情、增强荣誉感、提升服务效果。志愿者服务完成后，由志愿者部核定每个志愿者的服务时长和考核结果，通过系统给合格的志愿者开放权限、一键制作，并快递给本人。

五、树立新的激励理念

传统激励集中于志愿服务的中后期，且重视成果激励不重视过程激励。然而事实证明，人的动力的大小与激励的深度、广度有密切关系，激励的过程越长、范围越广，效果越持久。因此，科学的激励应该从志愿者招募开始，贯穿志愿者培训、服务、总结全过程。随着我国志愿服务的普及和发展，我们对志愿者的激励越来越重视，激励的过程也越来越向前延伸，已经从过去志愿服务活动结束后的总结表彰扩展到了志愿者上岗前和服务中的持续激励。

与此同时，在合理进行外部激励的同时，应更加重视志愿者内部激励的运用，倡导自我激励为主。志愿者的自我激励是指志愿者以一定的世界观和方法论认识和改造主观世界，使自己的行为方式和价值观念符合大型活动志愿组织方规定和倡导的行为方式和价值观念。自我激励的关键环节是思想观念的内化和行动的外化。志愿者的特征决定了以组织使命为基础的内在激励是有效的激励因素之一。理论证明，外在激励必须通过自我激励起作用，自律比他律更有效。

第六章
大型活动志愿服务项目风险及应急管理

大型活动以及志愿服务管理具有复杂性和特殊性，所以即使前期全方位地对每个环节进行了周密统筹与精心部署，仍会在运行期间随时面临各种各样的风险和突发事件。如果不能对这些风险进行及时预防和处置，就会极大影响大型活动的顺利举办。因此志愿项目的风险及应急管理就成为大型活动筹划、实施过程中不可或缺的重要环节。

第一节　建立大型活动志愿服务风险管理机制

大型活动由于规模庞大、涉及面广、影响因素多、组织管理过程复杂，在筹办过程中客观存在一些风险，这必然会给志愿服务项目带来影响。由于志愿服务项目参与的人员众多、背景复杂，也决定了志愿服务项目在组织实施的过程中要面临各种风险。因此，加强志愿服务项目的风险管理已经成为共识。

一、建立志愿服务项目风险管理流程

参照风险管理理论，志愿服务项目风险管理可以分为风险规划、风险识别、风险评估、风险处理和风险监控五个阶段（见图 6-1）。

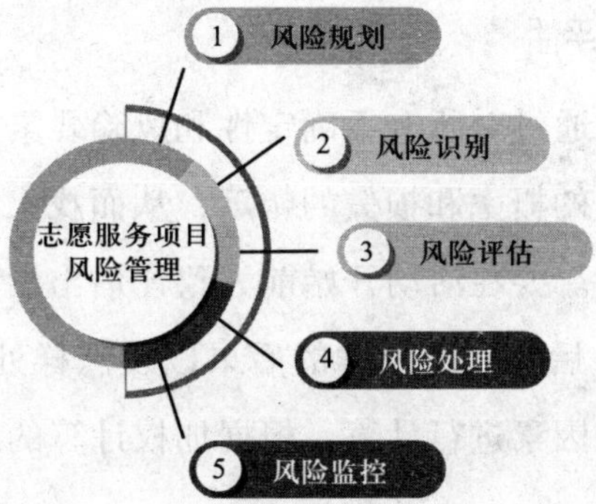

图 6-1　志愿服务项目风险管理的五个阶段

（一）风险规划

风险规划主要是制订志愿者风险管理的一整套计划，包括确定风险管理成员与行动方案，选择合适的风险管理方法，确定风险判断依据、跟踪形式和具体的时间计划等。

（二）风险识别

风险识别就是将风险因子要素归类并查找出来，从而确定风险的来源、产生的条件，并描述风险特征、确定哪些风险事件有可能影响比赛。风险识别的方法有德尔菲方法、头脑风暴法、情景分析法和面谈法等。

按志愿服务风险的诱因划分，大型社会活动志愿服务风险可以分为自然灾害类、公共卫生类、事故灾害类、志愿者自身言行所引起的冲突。从历次大型活动的实践经验来看，风险识别是风险管理的首要环节，也是进行管理的基础。在大型活动中，对志愿者可能遭遇的风险进行有效识别，有针对性地选择行之有效的方法进行干预或者处理，才能实现对其控制。[1]

（三）风险评估

风险评估是通过对所有不确定性和风险要素进行分析、评估和预测风险发生的概率和损失的幅度，从而找出关键风险，并确定整体风险水平。要在活动开始前大致评估出活动中风险发生的概率、风险发生后会产生怎样的后果以及怎样处理发生的风险。要对影响活动的因素进行计算，根据加权计算的结果对风险进行等级的评定。

（四）风险处理

风险处理就是对赛事风险提出处置意见和办法。风险处理具体可以包括风险规避、风险转移、风险减轻和风险接受等措施。

（五）风险监控

风险监控就是跟据已识别的风险来识别剩余风险，保障风险管理计划的实施。

---

[1] 杨芳平，夏科家，梅鲜．大型活动志愿者风险管理研究——以上海世博会园区志愿者为例［J］．中外企业家，2011（6）下．

二、提升风险管理意识和风险应对能力

在志愿者招募阶段，会面临以下风险。一是志愿者需求发生变化。具体指因志愿者需求预测不准确从而产生较大误差，导致实际需求发生较大变化的情况。解决方法是与需求部门进行定期沟通、滚动预测，及时更新需求信息，并根据各使用部门上报名额数量和岗位职责进行多次研判。二是志愿者供给的变化。表现为公众参与热情不高，报名人数无法满足需要，志愿者缺乏志愿服务经历，志愿者的能力素质不匹配。解决方法是加强招募宣传工作，扩大招募范围，吸引更多符合条件的人报名参加，确定重点目标人群和领域，对关键岗位志愿者进行严格培训和选拔。三是志愿服务人员流失。可运用前面提到的热备和冷备的方式解决志愿服务人员流失问题。四是志愿者招募过程中还存在招募系统技术问题，未被录用的志愿者出现不满情绪等。解决方法是加强招募系统的稳定性测试，确保访问量超大的情况下尚能正常运行；定期召开新闻发布会，对志愿者招募进程进行公布，及时做好未录用志愿者的解释工作，向每一位志愿者发送感谢信等。

北京世园会招募的先锋志愿者要协助北京世园会组织方开展志愿者报到、培训、在岗管理、调配、宣传、激励、后勤等方面工作，对志愿者的外语能力、工作经验、心理承受能力、组织能力、领导能力、团队协作能力都有很高的要求。因此，对志愿者的面试选拔就包括对志愿服务理念、心理学知识、外语等方面的综合评判，以此来降低志愿者难以胜任岗位责任的风险。

在志愿者的培训环节，应加强对志愿者安全教育、自我保护等方面教育和引导。针对特殊的岗位，还要通过培训使志愿者掌握一些简单的急救处理常识，诸如人工呼吸、紧急包扎等，使志愿者形成明确的安全防范意识，减少在活动过程中的志愿服务风险。例如，达沃斯论坛为提升志愿者风险管理意识和能力，在志愿者培训期间加入了安全风险防范知识，提高了志愿者团队的风险预测和危机处理能力。

三、加强志愿服务项目风险管理与控制

大型活动志愿服务项目的风险管理过程具有其特殊的时空结构。从时间上讲，在大型活动举办的前、中、后三个阶段都有可能出现风险；从空间上讲，在志愿服务项目的招募、培训、运行等阶段也可能面临各种风险。因此，要加强各环节的风险管理与控制，避免可能出现的风险对大型活动的举办产生不利影响。志愿服务项目组织者在项目管理的过程中采取各种积极的措施，尽量避免风险的发生。一旦风险发生，也要采取各种措施化解风险，尽量减小风险的影响和危害。

志愿服务项目所处的环境不断变化，使得项目的整个周期都存在着风险。志愿服务项目特有的生命周期以及一定的规律性，导致风险的发生和影响也有一定的规律性，这是可以进行预测的。重要的是人们要具备良好的风险意识，重视风险并对风险进行全面的管理。要牢固树立“以防为主”的意识，全面做好风险的防范工作。在志愿服务项目运行的过程中，可以根据风险预测的情况，征求专家机构意见，在项目各环节开展相关的风险防范工作。

在日常管理过程中，通过场景模拟、实际问题处理等方式，增强志愿者和志愿者工作团队应对风险的能力。

在志愿服务项目运行期间，主要会出现自然风险、安全风险和人身意外风险等。在大型活动中，通常将风险转移作为一种重要的风险管理方法，也就是活动主办方针对有可能预见到的风险类型，向保险公司投保，为志愿者买保险。一旦出险，就可以由保险公司进行理赔。目前，大型活动组委都会为志愿者提供人身意外伤害保险及意外伤害医疗保险。

在志愿服务项目的运行中，还要防范志愿者可能的冲突事件。在出现冲突时，要进行及时的控制和化解。志愿者可能出现的冲突包括志愿者与活动参加人员的冲突、志愿者之间的冲突以及志愿者与工作人员的冲突。要做好冲突管理，首先，要做好对志愿者的培训，使其牢固树立“志愿光荣”的观念。同时，志愿者也要学会沟通技巧，妥善处理与各方人群的关系。其次，要做好志愿者之间的协同。要调节好部门内部以及部门之间的关系，协调好不同来源志愿者之间的各种行为，强化横向与纵向的联系合作，营造出良好的合作氛围和感情氛围。最后，是做好志愿者与正式员工之间的协同。要在员工培训时加入与志愿服务相关的专题，使其加强对志愿者服务动机、精神特质等方面了解，树立尊重志愿者的意识，在具体的工作中和志愿者紧密地团结、融合在一起，共同为大型活动提供高质量的服务。

第二节　大型活动志愿服务的应急处置

当前，大型活动志愿服务项目的应急工作主要针对突发性事件。各类突发性事件按照其性质、严重程度、可控性和影响范围等因素，分为四级：Ⅰ级（特大）、Ⅱ级（重大）、Ⅲ级（较大）和Ⅳ级（一般）。各级各类应急预案，应当根据应急任务与要求，明确责任单位及信息处理、抢险救助、医疗救护、卫生防疫、交通管制、现场监控、人员疏散、安全防护、物资调用、社会动员等工作程序。应急处置主要包括制定应急工作预案，做实应急工作培训与演练，关注应急工作预防与巡视，快速反应媒体类应急事件等关键要素（见图 6-2）。

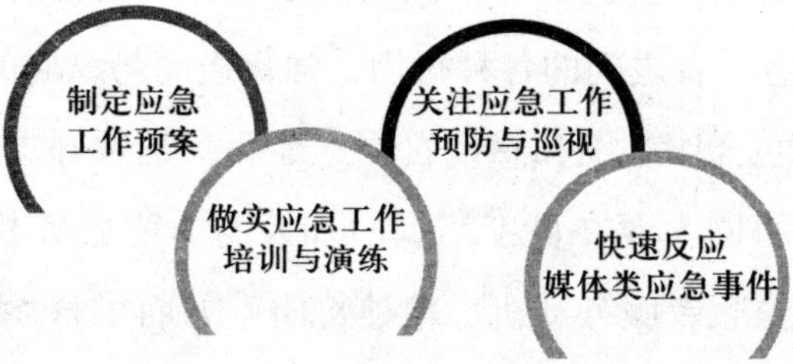

图 6-2　应急处置的内容

从多项大型活动的举办经验来看，经常出现的志愿服务应急工作有以下几种情况：志愿者缺勤，消极懈怠，伤亡，与他人（包括其他志愿者、观众、工作人员）发生争执，以及特殊的餐饮、交通、住宿等需求。北京世园会期间，园区志愿者部在对志愿者有可能遇到的应急状况分析的基础上，结合园区自身的特点，制定各类应急预案，大致将应急状况分为自然灾害类、事故灾害类、公共卫生类、社会安全类、志愿者自身言行引发的风险事故。

一、制定应急工作预案

大型活动筹备期间按照“谁主管，谁负责”的原则，由主办单位负责制定应急工作预案。制定应急工作预案成了大型活动筹备期间必不可少的重要任务之一。应急预案应该包括应急事件分类、组织机构、职责分工、处置措施等内容，以场馆为基础开展志愿服务工作，确保大型活动的顺利实施。应急工作预案包括一般应急工作预案和特殊应急工作预案。

一般应急工作预案指志愿服务方面出现的一般应急工作以及处理方式。一般应急情况及处置主要有：因工作原因，要求志愿者早晨过早到岗或晚上过晚离岗的情况，可以由各队负责同志为志愿者提供应急交通、应急住宿、应急餐饮等保障；非致命性病症、受重伤等情况为较大事项，由各团队应急处理，随时通报情况；一般性病症如感冒、轻度伤害等情况各团队按照自己的应急预案处理，事后通报；志愿者消极怠工、与他人争执等状况，且并未发生紧急状况的，其处置方法大致相似。首先，上报相应的业务口负责人，并及时上报志愿者工作部门。其次，对应业务口负责人与志愿者工作部门负责人进行协商，查找事件的起因，并商讨解决措施。最后，上报上一级，不得迟报瞒报。如果经过上级同意，则志愿者工作负责人出面进行协调与解决，采取有效措施进行处理。

对于志愿者不能正常上岗的状况，预案要覆盖后备志愿者上岗的工作保障。要求在经场馆团队同意且经志愿者部批准的情况下，由志愿者经理在本团队的对接高校中安排后备志愿者替补上岗，并且要为新上岗的后备志愿者提供注册、制证、制服、餐饮、保险等相关保障。

特殊应急工作预案是指有生命危险（如重伤、重病症等）情况，并且列为报告和应急处置的重大、特大事项，应在第一时间迅速处理并报领导小组处理。对一些特殊突发公共事件如自然灾害、事故灾难、公共卫生事件、社会安全事件等也属于特殊应急工作，应加强情况报告并提高响应等级。首先，志愿者在服务期间出现伤亡状况，须在第一时间与医疗部门协调采取急救措施，将救人放在第一要务。其次，要及时上报业务口负责人与志愿者工作负责人、大型活动组委会办公室。之后有关部门负责人要共同商讨相关补救措施，调配志愿者的工作。最后，在报备上级领导后，及时与志愿者的家属取得联系，进行相关沟通和情绪安抚、慰问。

二、做实应急工作培训与演练

大型活动志愿者应急技能的培训已经引起人们的充分重视。应急培训成为志愿服务岗前培训的一部分。志愿者通过培训理解并掌握了突发事件发生后在第一时间急救、维护现场秩序、安抚观众情绪、组织观众有序撤离等基本技能。

大型活动举办期间，要求每一位上岗的志愿者和志愿者管理人员都参加应急处置技能的培训。应急处置的五步工作法被概括为“5C”，即“Clarify+Control+Call+Cope+Cooperate”（见图 6–3）。

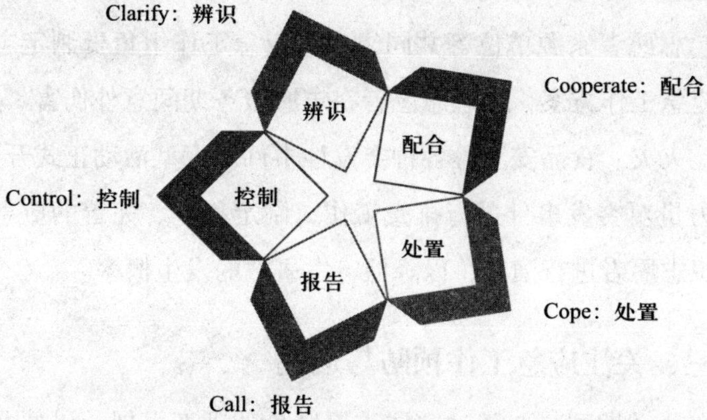

图 6–3　应急处置五步工作法

Clarify 即辨识，要准确地辨识事情的性质和主要问题；Control 即控制，要根据事件的性质有效地控制事态的发展；Call 即报告，要清晰地向自己的直接主管（包括志愿者小组长或者片区管理组长）汇报该事件；Cope 即处置，要根据事发当时的现场情况适当地进行处置，等待工作人员或者专业人员来进行处理；Cooperate 即配合，要在工作人员或专业人员到达现场后积极配合他们进行处理。

北京大学首届大型活动志愿者应急技能培训后，有六名同学通过一系列系统的培训和考核，最终在所有理论与实际操作考试均达标的情况下，获得了由中国灾害防御协会颁发的大型活动志愿者应急技能资格认证。北京大学对大型活动志愿者应急技能培训的做法值得高校以及其他志愿者来源单位借鉴。

北京在举办大型活动时，为了切实做好安全应急工作，对所有参与志愿服务工作的也进行安全应急培训及相应实战训练。应成立应急工作组，成员单位由团市委有关部门、北京市志愿者联合会、志愿者来源单位等共同组成。应急工作组负责制定志愿者安全应急工作方案，处理志愿者在志愿服务期间意外伤害、疾病、事故、火灾、食品安全等各种突发性事件。大型活动正式开始前，组织力量对突发事件进行排查工作，制定科学、完善的应急预案并组织志愿者进行演练，以降低突发事件的发生概率。

三、关注应急工作预防与巡视

在活动期间，要随时关注志愿服务的动态发展，以便及时发现突发事件并在较快的时间内妥善处理。一旦发生突发事件，就要按照应急预案启动应急机制，并按照事件的紧急程度采取相应的应急事件层级处置和及时上报机制。大型活动中的志愿者之家是大会期间志愿者经常光顾的地方，在这里准备有各种各样的应急物品和保障用品。志愿者工作组还定期派出巡视人员到各个会场进行巡视，及时排查各类应急事件隐患，这些都有效保证了应急工作的有序进行。

评估与预防事态扩大。应急事件完成基本处置后，主责单位负责人应迅速组织有关人员对该事件造成的危害以及对大型活动运行等方面造成的影响进行评估分析。适时关注该事件对其他志愿者、观众等相关人员的影响，并加以引导，防止事态的扩大。同时，主责单位、配合单位要立即派出有关人员与志愿者进行沟通和抚慰，做好善后工作。

防患于未然。风险管理和应急工作的培训作为事前预防，已经成为大型活动志愿服务项目中不可或缺的重要组成部分。但是，从多次大型活动的实际运行情况来看，人们对其认识还停留在认知的层面。只有建立统一规范的工作流程，参与到各方分工明确、紧密配合的工作中，才能够真正把工作落到实处，及时化解、处理相应问题的发生。

四、快速应对媒体类应急事件

由于大型活动具有规模较大、涉及面广、运作复杂等特点，志愿服务项目自身也不可避免地经常会发生突发事件，因此，规范应对媒体需要引起重视并认真研究。

突发事件一旦发生，新闻媒体的记者就会蜂拥而至，相关的工作人员、志愿者就会成为大众关注的目标。此时，如果工作人员、志愿者缺乏应对能力，很可能难以恰当把握对外宣传的尺度和分寸。因此，加强对工作人员、志愿者的培训就显得尤为重要。培训内容包括回答问题的原则、敏感性问题的应答方式等。

妥善处理媒体的误报。如果出现影响度轻微的错误报道，可以采取置之不理的方式。如果其错误报道在小范围内产生了负面影响，则正式通知对方记者立即进行更正，以免误导大众。如果媒体的错误报道引起了社会公众的广泛关注，并且对大型活动产生了较大的负面影响，就要通过正式的方式告知对方所在的媒体机构，要求其正式更正并公开道歉，尽可能地消除不利影响。如果媒体的错误报道引起了社会公众的广泛关注，并且对大型活动产生了较大的负面影响，而对方没有诚意更正报道并道歉的情况下，大型活动主办方可以向媒体的主管部门进行投诉，或者直接诉诸法律。

第三节　非常态化大型活动志愿服务新探索

目前，国内外形势不断变化，产生了一些新的困难和问题，这也为大型活动志愿服务工作带来了新的变化与挑战。在新形势下，就做好大型活动志愿服务工作、让志愿服务有效服务好大型活动，笔者结合多年的工作实践和研究，提出一些想法和建议以供参考。

一、采取线上线下相结合的招募与培训方式

目前国际通行的做法是，志愿者的招募和培训环节在相当大程度上主要依靠网络面向国内外进行全球招募及培训。这种做法值得重视，但是根据我们的实际情况并借鉴以往的招募经验，应继续重视面向高校的定向招募，即坚持团体报名与个人报名相结合，以线上报名为主要报名方式，这对于运行期的分层管理是非常重要的。在选拔阶段，根据漏斗原理，通过开展网络测试选拔优秀志愿者候选人，减少后期能力测试的负担；继续保留面试环节，根据形势的发展，适当调整面试的方式方法，让心理健康专业人士和具体使用方参与面试依然是需要关注的重点；在培训阶段，要充分利用手机端和新媒体、新技术手段，以线上为主，编

撰志愿者读本或者志愿者手册辅助学习，采取传统面授和在岗实习等线下方式开展志愿者培训工作也不能全部忽略。

通用培训，可以考虑完全采用线上培训的形式。通过设置学习模块开展培训，让志愿者掌握应具备的基本知识。对志愿者每个模块的学习情况都要进行测试，志愿者通过一个学习模块的测试之后才能顺利进入下一个模块，这样可以保证志愿者的学习效果。参考培训成绩，可以启用志愿者淘汰机制。通用培训应该至少使志愿者掌握志愿服务基础知识、志愿服务基本技能以及与大型活动相关的项目管理知识。同时，志愿活动举办地的地域文化特色等也可以包含在通用培训中。志愿者扩大视野、提升素养的机会很多来自于大型活动志愿服务培训，因而志愿者培训在一定意义上也属于志愿者“福利”的一部分，在志愿服务成本中占有很大比例。

相对于通用培训，岗位培训可采用线上线下相结合的方式开展，主责主导以志愿者使用方为主。通常的场馆培训在临近大型活动时开展，以线下培训为主。培训期间动态收集管理团队和志愿者提出的焦点问题数据，不断完善和改进培训课件内容，提升志愿者服务能力和服务水平。大型活动志愿服务的通用知识经常安排在通用培训中，它的重点是大型活动志愿服务的特点、难点。在对志愿者进行上岗前培训时尤其要针对易引发困惑的，甚至会导致志愿者受伤、引发负面舆情等针对性强、知识点零散的内容展开培训。笔者建议如果可以，尽量采取线下培训，结合上岗誓师或者志愿者团队授旗等仪式感强的活动开展，让志愿者由此得到鼓舞，全身心地投入志愿服务工作中。

二、运行期间开启志愿者“全日制”管理模式

大型活动期间志愿服务周期较长，志愿服务地点距离定向招募志愿者居住地远，定向招募志愿者每天通勤成本较大，这种情况下可能对志愿者进行相对封闭管理。针对类似情况，大型活动志愿服务管理可以进一步尝试采用志愿者“全日制”管理模式。所谓“全日制”管理模式，就是志愿者于志愿服务期间在服务地集中住宿、统一管理。这种方式在2019年北京世园会志愿服务中进行过尝试。由于延庆地区符合定向招募志愿者要求的高校数量很少，而延庆距离市区大约80公里，北京市志愿服务联合会（原北京志愿者协会）首次采用“全日制”管理模式对志愿者进行管理，避免因为通勤不便带来的相关问题，较为有效地解决了志愿者交通距离长、志愿服务周期长、定向招募学校服务管理投入过大等难题。

以北京2022年冬奥会和冬残奥会为例，场馆分布在3个赛区，分别是北京赛区、延庆赛区和张家口赛区。延庆赛区和张家口赛区的志愿服务便可以采用“全日制”的管理模式。这样在应对空间距离和时间跨度问题的同时，也有利于配合各比赛场馆相对封闭的管理要求。当然，这样的管理也就意味着在原有志愿服务工作环节基础上，还要保障志愿者在服务地的衣食住行，特别是要加强对志愿者的住宿管理。

志愿者工作组需要制定详细的志愿者驻地管理制度，其中包括：驻地安保方案、保洁方案、物资管理方案，驻地工作人员管理方案等。制定志愿者离开驻地等请假流程、工作交接流程、驻地宿舍日志管理制度等，严格志愿者考勤管理。志愿者“全日制”管理是一项新举措，需要进一步研判和思考具体做法，但对于非

常态化形势下的大型活动志愿者管理确实很有借鉴参考价值。

三、严格规范执行志愿服务风险管理各项制度

安全稳定工作是大型活动志愿服务保障工作的重要组成部分，风险管理的重点是预防和危机处理。为期162天的2019年北京世园会开园期间共接待各类入园参观者934万人次，会期共举办3 284场文化活动，吸引观众310多万人次，吸引国际友人20万余人次。其间共有来自市内47所高校、16个区、50家企业，3个外省市的16 000余名志愿者，在园区内24个业务口的100个志愿者岗位提供参观咨询、排队引导、语言翻译、礼宾接待、交通安保等服务。发动组织4 000余名“延庆乡亲”城市志愿者在园区外的107个城市志愿服务站点为游客开展交通引导、秩序维护、信息咨询等方面的志愿服务。北京世园会的风险管理总结了三点值得借鉴的经验：第一，全员参与，全面监控风险源；第二，区分系统内外，分类处理风险，跨部门合作；第三，构建组织化、层级化的风险管理体系，有效监控、及时处理各类风险。

受现实情况影响，参与大型活动志愿服务的国际志愿服务组织和国际友人可能会有大幅度的减少，但这并不代表风险减少，反而会增加风险。为此必须要建立健全志愿者应急工作方案，比如值班和信息报告制度。严格执行志愿者驻地工作人员值班制度，以志愿者来源单位党团支部为依托，以志愿者骨干、志愿者管理人员、志愿者驻地工作人员为抓手，建立全面覆盖的信息监控体系，做好维护稳定和信息上报工作。

切实做好预防工作。一是尽量减少矛盾的产生。在志愿者保

障服务相关制度修订时，考虑全面，结合工作实际，确保制度建设扎实有效。二是认真排查不稳定因素。把志愿者驻地保障服务中重大不稳定因素作为重要问题来对待，落实工作责任，把矛盾化解在萌芽状态。三是严格落实监控措施。通过做好维稳工作，确保志愿者驻地不发生危害重、影响大的恶性事件，不发生集体突发事件，不发生重大安全事故。四是加大宣传力度和教育力度。充分利用现有的网络、党团活动、专题讲座、交流会等多种载体，加大对志愿者的安全常识宣传和教育力度，强化志愿者的安全意识。

四、充分发挥党团组织的管理作用

在大型活动志愿服务团队中建立党团组织，充分发挥党团组织和高校在志愿服务工作中的作用，是近年来大型活动志愿服务运行管理的宝贵经验。

庆祝新中国成立 70 周年庆祝活动中，有关方面组织招募了 162 757 名志愿者提供庆典服务、外围保障、文化活动、游园活动、城市服务和首都交通文明 6 大类志愿服务。北京团市委充分利用体制优势，最大限度地整合资源力量，展开最广泛的社会动员，圆满完成了各项工作任务。作为志愿者的重要来源单位，北京市属高校在志愿者的招募、选拔、培训、管理和保障等方面在北京团市委的统筹和指导下发挥了极其重要的作用。

目前，大型活动志愿服务更要重点依靠高校来开展管理。2008 年北京奥运会和残奥会志愿服务中创立了“馆校对接机制”，该制度一直沿用至今。主要依托志愿者来源单位，发挥高校的人力资源优势和后勤保障优势。在志愿者团队中建立临时党团组织，充分发挥党团员的先锋作用和凝聚作用在大型活动志愿服务工作中具有更重要的意义。如何围绕志愿服务相关工作开展党建、团建等活动，以便更好地服务于赛会需求、服务于志愿者的成长，这些都值得我们赛会志愿者工作方进一步思考和创新。

五、保留城市志愿者和社会志愿者项目

综合以往大型活动志愿服务经验，建议在大型活动志愿服务中保留举办地城市志愿者和赛会志愿者项目。主要原因一是大型活动志愿服务对提高举办地志愿服务事业发展水平功效巨大，活动前后社会动员力也会呈几何倍数增长，从弘扬志愿服务理念、推动志愿服务事业发展的角度出发，主管部门也应该充分认识并借助其动员力，服务于举办地的志愿服务事业发展。二是广大民众参与热情高、报名人数多，大型活动服务参与人数有限，城市志愿者和赛会志愿者项目可以满足绝大多数志愿者的参与愿望。三是借大型活动之机培养更多的志愿者骨干，不断充实志愿者队伍，为志愿服务事业发展储备人才。实践证明，大型活动的城市志愿者和赛会志愿者项目在倡导与宣传志愿精神、弘扬中国传统文化、促进和谐社会建设，在更大范围内提供志愿服务并为社会留下志愿服务遗产等方面发挥着不可替代的作用。

六、持续加强国际交流合作

大型活动特别是奥运会这一级别的国际盛会受到各级政府关注。“加强国际合作”一直是中国政府和北京奥组委强调的重点。北京团市委启动了促进中国志愿服务发展的系列国际合作项目，项目合作方包括北京团市委、北京市志愿服务联合会、商务部中

国国际经济技术交流中心、联合国开发计划署和联合国志愿服务组织。合作项目历时3期，每期3~4年，历时10多年，旨在提升北京奥运会志愿服务水平，吸取国内外优秀志愿服务管理经验，推动我国志愿服务事业的发展。

今后的大型活动志愿服务更需要打开国际合作的大门。遵循国际惯例和奥运规则，加强国际合作，充分利用互联网积极采纳国际志愿服务机构的合理化意见和建议，接受相关国际机构对大型活动志愿服务的考察和评估，借鉴以往大型活动志愿服务的经验，创造出新的中国模式。

第七章 大型活动志愿服务的总结及成果转化

目前中国大型活动志愿服务的志愿服务记录与评价走在了志愿服务管理工作的前列，在近年来的众多大型活动中，包括北京奥运会、上海世博会、广州亚运会以及北京世园会等，都对志愿者的服务内容、时间进行了较为系统的记录、认证和评价，进一步推动了志愿服务记录与评价的规范和普及。

第一节　记录与评价大型活动志愿服务

一、精准记录大型活动志愿服务工作

一般而言，志愿服务记录指的是对参与志愿服务活动的志愿者的个人信息、培训信息、志愿服务内容、志愿服务时长、表彰奖励信息等所有信息进行的如实完整记录。记录这些信息，能够反映出志愿者参加志愿服务活动的基本表现，为志愿者的管理提

供参考，为志愿者的星级认定和表彰奖励尤其是升学、招工等优惠政策提供依据。2014 年 2 月 19 日，中央精神文明建设指导委员会印发《关于推进志愿服务制度化的意见》，明确提出建立志愿服务记录制度。要求在志愿服务活动结束后，由城乡社区、志愿服务组织、公益慈善类组织、社会服务机构等，根据统一的内容、格式和记录方式，对志愿者的服务进行及时、完整、准确记录，为表彰激励提供依据。同时要求保障服务记录的异地转移和接续，使志愿者的服务记录不因工作岗位和居住地的变动而失效，保护好、发挥好志愿者的积极性。2020 年，民政部发布了《志愿服务记录与证明出具办法（试行）》。

记录大型活动志愿服务工作要完成 4 项任务，如图 7–1 所示。

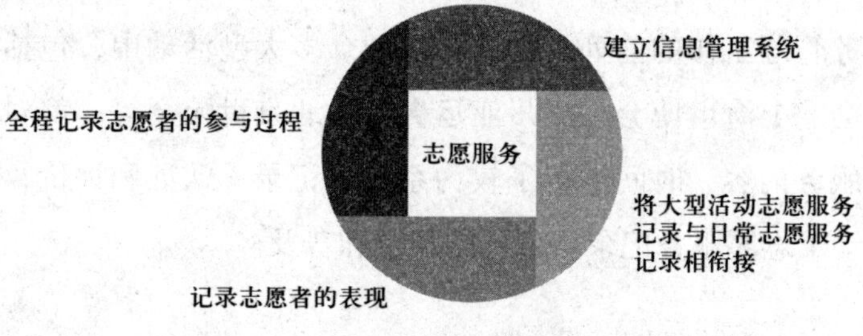

图 7–1　大型活动志愿服务记录内容

（一）全程记录志愿者的参与过程

大型活动志愿服务的参与人数众多，管理协调难度大，必须借助科学的管理工作和手段，提高管理的效率。在大型活动志愿服务过程中，通过建立志愿服务记录制度，对志愿者参与志愿服务的内容、时间、地点、服务表现和质量等进行详细、准确、及时、规范的记录，对志愿服务记录结果进行长久保存、作出权威证明并进行回馈激励，是大型活动志愿服务科学、有效管理的基础和依据，是志愿者按照整个大型活动运行要求和人力资源需求，积极地为大型活动做好服务工作的真实记载。

（二）记录志愿者的表现

记录本身就是对志愿者的一种激励，同时也为进一步表彰、奖励志愿者提供依据和参考。志愿者是开展志愿服务的主体，通过准确记录志愿服务的内容和形式并评价志愿服务的质量，客观反映志愿者为大型活动作出的贡献，有利于激发志愿者参与大型活动、服务社会的荣誉感和使命感，使其更好地实现以志愿求公益的崇高价值，有利于开展相关表彰和激励工作，激励志愿者持续地参与志愿服务工作。大型活动志愿服务的美好时光，往往会成为很多志愿者终生难忘的经历，对于志愿者而言，这份志愿服务记录不只是一段荣耀的见证，更是满载奉献友爱互助进步的美好回忆。

（三）将大型活动志愿服务记录与日常志愿服务记录相衔接

志愿服务记录能够成为志愿者获得招考、招聘等方面政策优惠的重要依据。企业招聘、国外学校招生往往要求候选人提供志愿服务证明。《北京市志愿服务促进条例》也明确规定，鼓励国家机关、企业、事业单位等，在同等条件下优先录用、聘用和录取有志愿服务经历者。这都需要以志愿服务记录为证明，将志愿者的服务经历公正、客观、真实地记录下来。志愿服务记录既可以成为志愿者在求职、升学时的证明材料，也便于用人单位、学校在招聘、录取学生时查询。从这个角度来说，大型活动志愿服务记录，乃至整个社会的志愿服务记录制度，是社会诚信体系的一部分。精确、公正、客观地记载志愿者的每一份奉献、每一份爱心，保存志愿者的每一份诚信、每一份责任，有利于倡导爱国、敬业、诚信、友善的价值理念，弘扬奉献、友爱、互助、进步的志愿精神；有利于营造珍爱、珍惜、珍视个人信用记录的社会氛围，促进社会诚信建设。

（四）建立信息管理系统

随着信息技术的快速发展，大型活动志愿服务记录一般利用信息技术来进行，有关方面建立志愿者的数据库，在数据库中记载志愿者的服务内容、服务时间和服务质量等。对于大型活动志愿服务而言，大型活动的主办方是大型活动志愿服务记录的主体，志愿者是记录的对象，而大型活动志愿服务的信息管理系统则是记录志愿者经历的重要管理工具。[1] 信息管理系统通过网络平台，详细记录每个志愿者的志愿服务时间，并可根据志愿服务情况相应地对志愿者进行激励。通过可视化的记录，可以体现志愿者服务的经历和体验，给志愿者带来精神上的极大鼓励。[2]

二、评价大型活动志愿者服务水平

在大型活动志愿服务过程中，对志愿者的评价是对志愿者进行管理的重要途径，也是改进志愿服务工作的有效方法。对于志愿者管理人员而言，要善于使用这个工具，通过过程性评价、积

---

[1] 张晓红，等．大型活动志愿服务组织与管理［M］．北京：中国青年出版社，2014:200.

[2] 杨杰．我国大型活动志愿者管理研究［D］．广州：华南理工大学，2012.

分评价、等级评价等不同方式，对志愿者进行有效管理，提高志愿服务的工作效率和水平，保证大型活动的顺利推进。在大型活动过程中，对志愿者评价的作用体现在以下两个方面：对于志愿者而言，通过考核和评估，可以让志愿者了解自己的优点和缺点、知道自己的工作状态和表现，帮助志愿者分析问题所在和改进方向，通过对优秀志愿者的激励，激发他们的潜能，让志愿者了解组织的期待，使他们的行为符合大型活动的需要；对于大型活动组织者而言，评估和考核是确保大型活动志愿服务顺利开展的工具，能够为志愿服务管理人员衡量志愿者的动机、评估对志愿者委以重任的可能性等提供参考依据。

一般来说，对大型活动志愿服务的评价，可以借鉴参考人力资源管理的相关理论。根据当前流行的评价理论，对大型活动志愿服务一般采取以下几种评价方法（见图 7–2）。

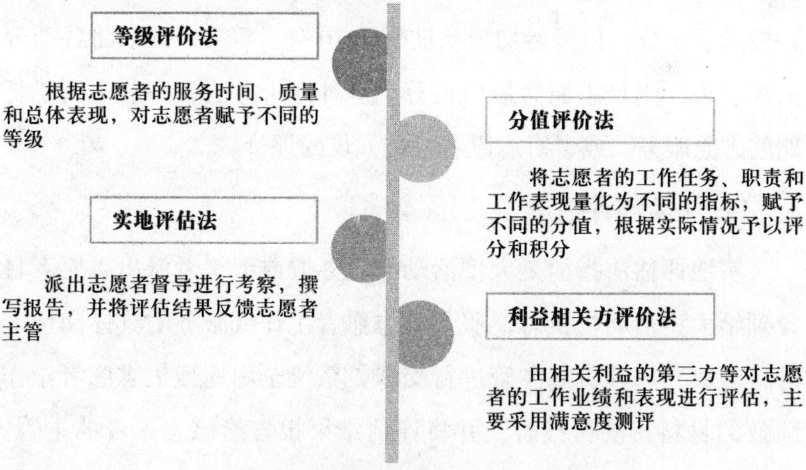

图 7–2　大型活动志愿服务评价方法

（一）等级评价法

根据志愿者的服务时间、质量和总体表现，对志愿者赋予不同的等级，这是目前对志愿者评价最常用的方法。这种评价方法被广泛运用到各种志愿服务项目之中，除了大型活动志愿服务之外，各种常态化的志愿服务，也以此为最主要的评价方法。当然，这种评价方法需要以志愿服务记录为前提，基于志愿服务记录系统所呈现出来的成绩对志愿者赋予不同的等级。

（二）分值评价法

分值评价法指的是将志愿者的工作任务、职责和工作表现量化为不同的指标，赋予不同的分值，然后根据志愿者的实际情况予以评分和积分。例如，在大学生志愿服务西部计划的管理中，对大学生志愿者的评估考核，一般采取分值评价法，根据志愿者总体工作、本职工作的表现，对志愿者进行打分。其中，按时出勤被赋予 8 分，积极参加活动被赋予 10 分，等等。最后将各项分值加起来，则是志愿者最后得分。这种评价方法，一般适用于长期的志愿服务，或者对志愿者管理人员的评价。

（三）实地评估法

实地评估法指的是大型活动的主办方或组织者派出志愿者督导到给大型活动提供志愿服务的志愿者工作或服务的具体岗位上进行考察，与其直属主管进行交谈，系统全面地搜集志愿者工作绩效的材料，撰写报告，并将评估结果报告给该志愿者的主管。实地评估法的优点在于公平、客观并且具有权威性。缺点主要是考核评价的完成往往需要耗费很多人力物力，而且因为需要聘请专业人士，导致投入成本较高。

（四）利益相关方评价法

利益相关方评价法指的是由志愿者的服务对象、管理人员以及其他有着相关利益的第三方对志愿者的工作业绩和表现进行评估，也可以用在志愿者对志愿者管理人员的评估过程中，主要方法是满意度测评，通过询问或者调查志愿者的服务对象，以及其他利益相关者，来了解志愿者提供的服务是否满足了服务对象的需求，以及在多大程度上符合服务对象的需要。对于大型活动而言，利益相关方除了运动员、观众等服务对象之外，还包括使用志愿者的管理人员，如场馆的项目官员。

三、评估和总结大型活动志愿服务工作

志愿服务项目评估是大型活动志愿服务项目管理中的一个关键环节。运用科学的方法，以动态监督和静态总结，对志愿服务项目在特定时间范围和资源条件下的设计、开展和结果进行评价，以系统客观地评价志愿服务项目是否有针对性、效果和成果如何，进而帮助其改进成效，以期产生对社会的可持续的积极影响。

开展大型活动志愿服务项目评估，主要是利用规定框架和标准对志愿服务项目进行评估。按照大型活动志愿服务项目开展的时间阶段，对应的志愿服务评估可分为项目前评估、跟踪评估和项目后评估。志愿服务项目后评估是指在志愿服务项目实施完毕一段时间之后所作的一种项目总结评估，作为整个志愿服务项目管理过程中的最后一个环节，相应也是比较关键的环节。志愿服务项目后评估的目的是全面了解整个志愿服务过程，并将从中发

现的问题和经验呈现出来，进行总结和改进。

对于志愿服务项目而言，从项目的前期需求识别、方案设计，到项目实施和控制，再到项目的结项验收，各个阶段的评估工作要求不同，采用的评估方法也会有差异。从方法论的角度，志愿服务项目评估主要分为定性评价和定量评价，具体操作办法也比较多样，目前比较通用的评价有同行评议法、层次分析法、成功度分析法和综合评价法。

（一）同行评议法

该方法的评价标准主要由专家制定，主要用于评价工作程序是否科学正确、结果是否可靠、有效资源分配是否公平。确定评价专家时要充分考虑到他们的研究领域、分布区域、专业水平、行业影响力等。在操作过程中，根据专家对既定志愿服务项目的了解程度，采用单隐、双隐和公开评议的方式进行评价。评价形式一般有会议评议、信函评议等。该方法被普遍采用，但由于参评专家以及专家的判断标准等人为因素，其评价结果也在很大程度上具有主观性、保护性等因素。

（二）层次分析法

该方法的核心就是将一个复杂的问题分解为若干不同的要素，并根据要素之间的相互关系形成一个有序的层次模型，同时确定各因素的相对重要性，通过对各因素的综合判断进行排序。层次分析法用统一的方式开展评价，有效地整合定性和定量的因素，且确保评价模型的系统性、科学性。由于志愿服务项目的复杂性和社会性，志愿者的服务时间和经验显得尤为重要，因此，层次分析法较为适合大型体育赛事志愿服务项目的评估。

（三）成功度分析法

成功度分析法通俗地讲就是打分法，是对志愿服务项目的完成度给予定性的评价。现有的成功度分析法多将成功度分为完全成功、成功、部分成功、不成功、失败 5 个等级，每个等级对应不同的结果。在测定各项指标时候，可以用等级来表示，通过对各成功度赋予对应的分值进行测算，从而得到整个项目的总体得分，整个项目的最终结果同时也可以用等级表示。

（四）综合评价法

综合评价法主要是根据综合评价的目标，对大型体育赛事志愿服务项目的影响因素进行分解，进而建立不同层次的评价指标体系，并对指标体系进行权重分配和赋值，最后计算得出综合结果。[1]

第二节　转化大型活动志愿服务成果

大型活动志愿服务的成果转化，是指为提高志愿服务水平，对大型活动志愿者工作所产生的具有实用价值的一系列成果所进行的后续研究、开发、应用以及推广等活动。总的来说，大型活动志愿服务的成果转化主要包括大型活动志愿服务工作的物质成果转化和

[1] 张娜．大型体育赛事志愿服务项目管理研究——以 2019 徐州国际马拉松赛为例［D］．徐州：中国矿业大学，2020.

非物质成果转化两方面。物质成果转化一般是指与大型活动志愿服务相关的实物成果的转化；非物质成果转化是指与大型活动相关的以非实物形态存在的各类经验、理念等方面的转化。这两方面都是成果转化工作中非常重要的组成部分。大型活动志愿服务成果转化工作涉及面广、持续时间长，且意义重大，这就需要参与大型活动的所有部门及全体工作人员认真参与和积极投入。按照大型活动的开展过程，志愿服务成果转化的工作流程应包括：规划做好大型活动前期的成果转化工作、指导做好大型活动运行期的成果转化工作、统筹做好大型活动结束期的成果转化工作。

一、规划做好大型活动前期的成果转化工作

在大型活动前期，志愿服务成果转化的主要任务是：成立成果转化的组织领导机构，如成立志愿工作成果转化领导小组，由其负责策划、协调、组织、实施成果转化的各项工作，以便成果转化工作有一个良好开端。志愿服务成果转化的组织领导机构要做好统筹工作，要统一思想，制定方案，积极指导大型活动各相关部门做好志愿服务成果转化的准备工作，明确各自任务，建立相应的工作体系，让成果转化准备工作全面就绪。

例如，为顺利完成北京奥运会志愿者工作成果转化的各项任务，北京团市委、北京奥组委志愿者部成立北京奥运会志愿者工作成果转化领导小组，由其负责组织和实施成果转化的各项工作，具体有：成立领导机构和办事机构，并对转化任务进行详细分工，例如对物质成果转化和精神成果转化的具体工作要求分部门进行操作，并提出每项工作的具体要求，保证成果转化工作的顺利开展。

二、指导做好大型活动运行期的成果转化工作

运行期的成果转化工作主要分布于大型活动运行涉及的各个部门，其间各部门要充分做好将本职工作内容和成果转化工作相衔接的工作。志愿服务成果转化的组织领导机构在此阶段要做好监督和指导工作，确保各部门的成果转化工作正常运转，本阶段是志愿服务工作成果转化夯实基础的阶段。

以 2008 年北京奥运会和残奥会为例，首先在招募志愿者时，就充分考虑与成果转化工作相衔接的计划，目标就是通过招募工作实现奥运遗产保留：一是组建一支专业化、国际化的赛会志愿者队伍，这支队伍直接为 2008 年北京奥运会和残奥会提供优质服务，并在赛后成为推进北京志愿服务事业发展的中坚力量；二是培养建立一批高素质、有能力的志愿者管理团队，积累管理志愿者队伍的经验；三是通过设计并建立一套完善的志愿者信息管理系统，实现赛会志愿者报名、选拔和赛时管理工作的统筹，为北京志愿服务工作保留一套完整的志愿者数据系统等。在志愿服务宣传工作方面，在大型活动运行期，相关部门做好志愿者视频拍摄、动人瞬间捕捉、感人事迹记录等工作，为推进宣传工作的成果转化保存相应的数据和资料等，这些工作的开展都为成果转化工作奠定了良好的基础。

三、统筹做好大型活动结束期的成果转化工作

这一时期的成果转化工作是整个大型活动成果转化工作的重点。本阶段的主要工作任务是：总结工作成果，形成成果转化规划，完成成果转化工作。这一时期的工作可以分为两个阶段：一

是发展阶段，要重点做好大型活动永久纪念设施建设工作；深化志愿服务成果转化工作；探索建立志愿服务工作体系，推出志愿服务成果显性作品。二是全面推进阶段，重点是将志愿服务成果全面转化成志愿服务事业发展的有效资源。这其中要注重志愿精神的文化传承，完善志愿服务工作体系，并努力构建志愿服务工作的常态化运营机制，实现全面推动志愿服务事业发展的目标。例如，北京在奥运会和残奥会后，按照“成果理论化、机制科学化、项目固定化、队伍长期化”的要求，加强志愿服务工作的成果转化。

总的来说，相关的组织机构要系统总结志愿服务中形成的物质成果和非物质成果，加强长效机制建设，完善志愿服务工作体系，激发、引导社会各界参与志愿服务的热情，推动志愿服务事业的长远发展。

（一）物质成果转化

物质成果转化是指与大型活动志愿服务相关的实物成果的转化。一般包括纪念设施转化保留、纪念物品转化保留和志愿服务机构转化保留。

1. 纪念设施转化保留

纪念设施转化保留主要指借鉴国内外其他大型活动举办城市的经验，在赛会场馆周边及其他相关地区建设关于大型活动志愿服务工作的永久纪念设施，纪念广大志愿者对活动和城市发展作出的积极贡献，激励志愿者更加忘我地参与到志愿服务事业中来。例如，北京在奥运会和残奥会结束后，在奥林匹克公园中心区建成了志愿者永久纪念设施——志愿者广场和志愿者雕塑。

2. 纪念物品转化保留

大型活动志愿服务中的纪念物品主要是指承载志愿服务意义和志愿情怀的实物，例如志愿服务所涉及的各类标识、饰品等，这些纪念物品的转化保留可以借鉴建立志愿者工作陈列室、志愿者饰品的保留及推广等形式。建立志愿者工作陈列室主要是指在活动举办城市当地的博物馆、青年宫等地开辟专门的展厅，存放大型活动志愿服务工作所涉及的各类物品，常年向青少年和广大市民开放展示，宣传和推广志愿服务精神、理念。

3. 志愿服务机构转化保留

志愿服务机构是一项大型活动正常运转的保障。志愿服务机构不仅在活动过程中发挥着重要作用，在活动结束后，这些机构的正常运转也必将对志愿服务事业的发展起到有力的推动作用。志愿服务机构的转化保留工作不仅包括相关机构的转化保留，如保留城市志愿者服务站、建立志愿服务研究和活动开展的相关机构等，还涉及保障机构正常运转的各项条件，例如，建立志愿服务基金或专项资金、建设转化志愿服务信息管理技术系统、建设志愿热线服务台等。

（二）非物质成果转化

非物质成果转化是指与大型活动志愿服务有关的管理经验、文化理念等方面的转化，主要包括文化品牌转化、理论研究转化、管理机制转化、人员队伍保留等。

1. 文化品牌转化

文化品牌的转化主要是指将蕴含丰富的志愿文化或志愿精神

的载体转化保留。通过文化品牌的转化可以更好地传递志愿服务的文化内涵和精神内涵，进而带动和感染更多人对志愿服务形成认同感，促使他们积极了解志愿服务和参与志愿服务，从而为志愿服务的长远发展提供持久动力。大型活动志愿服务的文化品牌转化形式多样，主要包括志愿者标识、志愿者工作图文与影音资料、志愿者文化品宣传品、大型活动志愿服务管理机构创办的相关杂志等。

2. 理论研究转化

理论研究转化主要是指志愿服务工作理论研究的转化。转化大型活动志愿服务工作理论是成果转化的关键工作之一，有利于为今后志愿服务工作提供理论支持。主要做法包括：组织中外专家学者召开志愿服务论坛，就志愿服务的重要课题进行交流研讨；在相关专家、学者的指导下，整理、汇集大型活动志愿服务工作的各项研究成果；编辑、出版与大型活动志愿服务理论研究相关的系列书籍，制作相关的专题网站、网页等。

3. 管理机制转化

管理机制转化主要是指对大型活动志愿服务工作管理经验的转化，主要包括总结提炼志愿服务工作的管理方式、运行的模式等，特别是志愿服务工作的组织管理体系、运行机制，志愿服务项目体系、合作交流机制与管理办法等，将其转化成当地志愿服务的长期工作管理机制，推动当地志愿服务事业的发展。

4. 人员队伍保留

在大型活动志愿服务创新的成果转化工作中，人员队伍的保留十分关键，它为志愿服务成果的切实转化、志愿服务的持续开展提供了人员保障。人员队伍的保留主要指对志愿服务工作专家队伍、志愿者管理人才队伍、志愿者专业队伍和普通志愿者队伍等不同层面的各类志愿者人才的保留。[1]

总之，大型活动志愿服务成果转化的实践需要多方的重视及参与，整个工作的开展应贯穿于整个大型活动中。在大型活动结束后的一段时期内，它仍是工作的重点，做好此项工作，是推进志愿服务事业可持续发展的重要保障。

[1] 张晓红，等．大型活动志愿服务组织与管理［M］．北京：中国青年出版社，2014:277.

第八章
北京 2022 年冬奥会和冬残奥会志愿服务案例

北京 2022 年冬奥会和冬残奥会志愿者分为城市志愿者和赛会志愿者。城市志愿者主要负责参与和承担城市运行保障工作，包括场馆周边志愿者、城市志愿服务站志愿者、冬奥冰雪运动场所志愿者、重点社区志愿者、助残服务志愿者、文明交通志愿者、新闻中心志愿者等 7 大类城市志愿者服务队。北京 2022 年冬奥会和冬残奥会期间，城市志愿者在场馆周边、志愿服务站点、冬奥示范社区等地提供信息咨询、语言翻译、文明宣传、应急救助、环境保障、助残等志愿服务。赛会志愿者在北京、延庆、张家口 3 个赛区以及其他场所、设施等提供服务，分为通用赛会志愿者、专业赛会志愿者两大类。其中，专业赛会志愿者是指具备赛会志愿服务所需要的专业知识、技能与经验，能提供专业化服务的赛会志愿者，包括但不限于语言服务、医疗服务、驾驶服务等。专业赛会志愿者以外的其他赛会志愿者均为通用赛会志愿者。

第一节　北京 2022 年冬奥会和冬残奥会志愿服务前期准备

一、成立组织机构

（一）城市志愿服务组织机构

城市志愿者项目是北京 2022 年冬奥会和冬残奥会 5 个志愿服务项目之一，其设置的目的是满足测试赛及正式比赛期间的城市运行需要，由北京冬奥组委联系中央和国家机关单位、主办城市政府部门及相关志愿服务组织，招募和培养城市志愿者，参与和承担城市运行保障工作。

北京冬奥会志愿者工作协调小组负责统筹领导城市志愿者工作，指导督促北京、河北两地按照要求开展城市志愿者工作。北京、河北两地分别在 2022 年冬奥会和冬残奥会北京城市运行保障指挥部人力资源与志愿者工作组、河北省冬奥会志愿者服务组的指导下，搭建北京市、河北省的 2022 年冬奥会和冬残奥会城市志愿者工作指挥体系，确定城市志愿者工作牵头单位、成员单位及相关工作职责，完成招募、培训、宣传报道、激励保障、经费拨付、疫情防控等工作；北京冬奥组委负责与国际奥委会、国际残奥委会、各场馆运行团队等相关单位对接城市志愿者工作。

以北京市为例，在 2022 年冬奥会和冬残奥会北京城市运行保障指挥部人力资源与志愿者工作组领导下，由北京市委宣传部

（首都文明办）、北京团市委作为城市志愿者工作牵头单位，成立北京 2022 年冬奥会和冬残奥会城市志愿者（北京市）指挥部。指挥部负责北京 2022 年冬奥会和冬残奥会城市志愿者工作的顶层设计，根据《北京 2022 年冬奥会和冬残奥会城市志愿者工作指导意见》制定相关政策；统筹协调全市城市志愿者工作；指导各成员单位按要求开展城市志愿者的招募选拔、注册审核、培训宣传、运行管理、督导巡查、风险防范、保障激励及志愿服务成果转化等工作；对北京 2022 年冬奥会和冬残奥会城市志愿服务标识系统、站点设施、服装装备进行统一设计；为城市志愿者统一提供服务证书。指挥部下设办公室、策划调度组、冬奥协调组、招募培训组、宣传教育组、保障激励组、疫情防控组、财务审计组、2022 北京新闻中心志愿组。

（二）赛会志愿服务组织机构

赛会志愿者项目是北京 2022 年冬奥会和冬残奥会的又一个志愿服务项目，其设置的目的是满足赛时运行需要。北京冬奥组委面向全球公开招募直接参与北京 2022 年冬奥会和冬残奥会赛时运行保障工作的志愿者。

北京冬奥组委下设志愿者部，志愿者部负责志愿者服务、赛事服务和观众体验业务领域各项工作，包括研究制定工作总体规划、运行计划以及服务政策和标准；前期和赛时志愿者的招募、培训、调配和运行；协调推动城市志愿者工作；开展志愿者主题活动及团队建设工作，等等。志愿者部下设综合处、招募管理处、宣传培训处、赛事服务处、观众体验处、激励处共 6 个部门。根据“简约、安全、精彩”的办赛要求，北京 2022 年冬奥会和冬残奥会共录用赛会志愿者 1.8 万余人。其中，北京赛区占 63%，延庆赛区占 12%，张家口赛区占 25%。35 岁以下的青年占 94%，为志愿服务的主要力量。赛会志愿者服务涵盖体育竞赛、场馆管理、语言服务、新闻运行等 41 个业务领域。

二、出台相关政策

2019 年 5 月 10 日，在北京冬奥会倒计时 1 000 天庆祝活动上，《北京 2022 年冬奥会和冬残奥会志愿服务行动计划》（以下简称《行动计划》）正式发布。《行动计划》由北京冬奥组委、中央文明办、共青团中央、教育部、中国残联、北京市政府、河北省政府联合制定，包括总则以及北京 2022 年冬奥会和冬残奥会志愿服务项目、赛会志愿者构成、赛会志愿者招募工作基本规则、工作专项运行计划、工作体制机制 6 部分内容，旨在规范、指导和推进北京 2022 年冬奥会和冬残奥会志愿服务工作。

针对城市志愿者，北京冬奥会志愿者工作协调小组制定下发了《北京 2022 年冬奥会和冬残奥会城市志愿者工作指导意见》（以下简称《指导意见》）。《指导意见》规定了总体目标和工作原则，明确了志愿者工作协调小组以及北京市、河北省城市志愿者牵头单位工作职责，阐述了城市志愿者的工作任务和主要工作内容，对工作的进度进行了划分，并提出了相应的工作要求。随后，根据《行动计划》和《指导意见》，北京市、河北省进一步制定了北京 2022 年冬奥会和冬残奥会城市志愿者工作方案。其中北京市的工作方案明确了指挥体系和职责分工，进一步规定了城市志愿者的工作任务、分类和来源，并根据具体工作内容制订了动员、招募、培训等环节的进度计划。

针对赛会志愿者，北京冬奥组委制定了《北京2022年冬奥会和冬残奥会赛会志愿者通用政策》《北京2022年冬奥会和冬残奥会赛会志愿者招募工作总体方案》《北京2022年冬奥会和冬残奥会赛会志愿者保障政策》《北京2022年冬奥会和冬残奥会赛会志愿者申请人信息采集及隐私保护政策》等多项政策，确保赛会志愿者顺利完成赛时运行保障工作。

三、宣传动员

北京2022年冬奥会和冬残奥会将宣传动员纳入志愿服务工作运行体系，并设置为志愿服务工作6个专项运行计划之一。计划提出要积极开展新闻宣传，依托电视、广播、报刊、网络等媒体，面向海内外宣传北京2022年冬奥会和冬残奥会志愿服务工作，扩大信息覆盖面，提高公众知晓率。同时，精心策划和组织重点活动，在重要时间节点开展一系列以公益为导向、以体育为载体、以文化为内容的志愿服务活动。例如，在北京冬奥会倒计时1 000天庆祝活动上正式发布《行动计划》；京冀两地共青团视频发布京冀地区“迎冬奥”志愿服务十大示范项目；运动员代表、文艺界代表与青年志愿者代表共同发出《奉献冬奥·圆梦未来倡议》，号召全球志愿者积极参与和投身北京冬奥志愿服务，等等。与此同时，开展志愿者标识系统设计、主题歌曲及口号征集等活动，强化志愿者团队文化建设和志愿者归属感，并通过树立典型，对优秀志愿者开展工作事迹宣传和故事传播，传递正能量。

第二节　北京 2022 年冬奥会和冬残奥会志愿服务初期启动

一、志愿者招募

（一）招募来源

城市志愿者按服务点位不同分为场馆周边志愿者、城市志愿服务站志愿者、冬奥冰雪运动场所志愿者、重点社区（村）志愿者、助残服务志愿者、文明交通志愿者、2022 北京新闻中心志愿者等 7 类。城市志愿者的来源比较丰富，涵盖对接学校的志愿者、常态化志愿服务团队、辖区单位志愿者、社区志愿者、京铁青年志愿者、党团员志愿者、全民健身指导员、社会相关领域专业志愿者、公共文明引导员、北京公交志愿者、平安地铁志愿者，等等。

赛会志愿者来源涵盖京冀本专科生及研究生志愿者，中学生志愿者，内地各省（区）市志愿者，港澳台志愿者，海外华侨华人志愿者，国际志愿者等 6 类。其中，京冀本专科生及研究生志愿者和中学生志愿者面向北京、河北等地区的高等学校、部分职业高中、中专院校、普通中学招募；内地各省（区）市志愿者面向内地各省、自治区、直辖市招募；港澳台志愿者面向香港、澳门特别行政区以及台湾地区招募；海外华侨华人志愿者面向海外华侨华人、海外中国留学生招募；国际志愿者面向全球各国家、地区招募。

（二）招募方式

北京2022年冬奥会和冬残奥会城市志愿者依托“志愿北京”平台进行招募。各成员单位负责发布项目，在明确招募数量、服务地点、服务内容、保障措施及工作要求的基础上启动招募工作。招募时，采取集体报名与个人报名相结合的方式。集体报名主要面向机关、企事业单位、高校、中小学、社会团体所属志愿团队，并由各志愿团队对志愿者进行审查审核；个人报名由各成员单位或其委托授权的机构直接接受报名，并进行审查审核。

北京冬奥组委是北京2022年冬奥会和冬残奥会唯一合法的赛会志愿者招募机构，相关拥有法人资格的组织或机构经北京冬奥组委授权或委托后也可开展赛会志愿者招募工作。北京冬奥组委在招募工作启动时发布赛会志愿者招募条件、选拔方式等事宜，依托赛会志愿者全球招募网络平台，兼顾团体报名与个人报名、公开招募与定向招募、网络申请与书面申请等多种方式，在赛会志愿者申请人提交申请后，由北京冬奥组委开展选拔录用工作，并根据办赛需要进行岗位分配。

二、志愿者培训

城市志愿者培训采取线上、线下相结合的方式开展，主要有骨干培训、通用培训和岗位培训3种。结合疫情防控要求，城市志愿者管理团队骨干培训班于2021年12月25日以在线形式举办，城市志愿者指挥部组织800余名城市志愿服务工作负责人和志愿者骨干进行培训。培训聚焦提升城市志愿者骨干的能力水平，共安排北京2022年冬奥会和冬残奥会概述、城市志愿服务工作整体安排及相关工作要求、志愿者团队建设与管理、防疫背景下志愿者的心理健康与调适等 8 门课程。通用培训由城市志愿者指挥部统一录制视频课程，课程涵盖奥林匹克运动基本知识、冬奥会和冬残奥会概况、冰雪运动知识、急救技能、疫情防控等内容，共计 25 门课程。岗位培训由各责任单位负责开展，在志愿者上岗服务前，由各责任单位按照具体服务岗位的要求，重点进行与岗位实践内容相关的专业技能培训，确保志愿者具备适应岗位需求的服务能力。

为强化赛会志愿者培训，北京冬奥组委通过顶层设计，建立通用培训、专业培训、场馆培训和岗位培训 4 阶段培训体系。志愿者部统筹负责，规划疫情防控和扶残助残专项培训，并面向志愿者经理、冬奥志愿者培训师和骨干志愿者等重点人群进行系列专题培训，还创新开展志愿者培训工作的督导评估。比如，在通用培训阶段，志愿者部推出在线培训、线下培训和实践锻炼 3 个环节的内容。在线培训依托北京冬奥组委信息与知识管理平台（IKM）展开，志愿者部开发制作视频课件，并配备文字讲义和在线题库。线下培训和实践锻炼由志愿者来源高校组织实施，这些高校通过发挥学校场地、学科专业等优势，进行疫情防控、扶残助残、志愿礼仪、外语口语等强化培训，组织开展国际形势、思想教育、心理健康等主题教育。

三、志愿者项目测试运行

“相约北京”系列冬季体育赛是志愿者项目测试运行的重要机会。测试赛志愿者项目是北京 2022 年冬奥会和冬残奥会 5 个志愿服务项目之一。测试赛志愿者在赛前接受系统化的场馆和岗位知识培训，在赛期间按照排班表上岗服务。测试赛志愿者也被最大限度保留至正式比赛，转换为赛会志愿者。测试赛是对志愿者培训、演练工作水平的一次全面提前检验，在检票口、制服和注册分中心、反兴奋剂领域、媒体运行领域、场馆内外通行保障和交通引导等志愿服务岗位，志愿者经历了层层考验，为即将到来的正式比赛做好了充足准备。比如，2021/2022 国际雪联跳台滑雪洲际杯和 2021/2022 国际雪联北欧两项洲际杯上，京冀两地高校 436 名志愿者参与了志愿服务。这两场冬季体育赛是“雪如意”在“相约北京”系列冬季体育赛上的首次亮相，虽然没有观众到场，但通过向运动员、教练员与技术官员等参赛人员提供志愿服务，古杨树场馆群的志愿服务工作得到了一次完善机制、锻炼队伍的重要契机。这两场冬季体育赛，共有约 300 名志愿者在闭环内提供服务，140 人在闭环外提供服务，充分检验了志愿者团队学习、培训演练以及流线点位设计和岗位职责的落实情况。

伴随“相约北京”系列冬季体育赛的举办，城市志愿服务也全面启动。比如，在冬季体育赛启动后，张家口市共设立重点区域城市志愿服务点位近百个，安排城市志愿者近 3 000 名。2021 年 11 月 25 日，“相约北京”系列冬季体育赛张家口赛区启用后，根据北京冬奥组委关于测试赛的统一部署，按照张家口赛区人力资源与志愿者工作指挥部安排，从冬奥城市志愿者中选拔的 565 名测试赛城市志愿者有序上岗。冬季体育赛期间，城市志愿者分布在张家口市主要交通枢纽、商业网点、旅游景点、住宿酒店等服务岗位，提供人员引导、信息咨询、语言服务、文明宣传、应急救助等服务，协助保障城市的有序运行。

第三节　北京 2022 年冬奥会和冬残奥会志愿服务赛时运行

一、场馆工作

北京 2022 年冬奥会、冬残奥会赛会志愿者分布在北京、延庆、张家口 3 个赛区以及其他场所、设施等提供服务，服务类别包括对外联络服务、竞赛运行服务、媒体运行与转播服务、场馆运行服务等 12 类。

北京冬奥村（冬残奥村）内共有志愿者 884 人，其中 548 人服务冬奥会和冬残奥会，来自 8 个单位，工作涉及北京冬奥村（冬残奥村）的 31 个业务领域。

延庆赛区冬奥会志愿者共 1 907 人（闭环 1 424 人，非闭环 483 人），来自 20 所高校和 10 多个社会单位。冬奥会期间，延庆赛区志愿者服务 8 个场馆及设施。冬残奥会志愿者 1 049 人（闭环 851 人，非闭环 198 人），来自 19 所高校和 10 多个社会单位。冬残奥会期间，志愿者服务 8 个场馆设施。

张家口赛区共选拔 4 500 余名赛会志愿者，主要服务技术、交通、场馆管理、新闻运行、转播服务、奥林匹克大家庭及礼宾等 16 个业务领域。

为做好充分准备，在完成志愿者招募选拔工作后，充分考虑北京2022年冬奥会、冬残奥会各业务领域需求以及志愿者本人意愿、志愿者专业能力等因素，第一时间对全体志愿者完成配岗工作。赛会志愿者赛时的工作内容覆盖各场馆比赛的服务工作，奥运村各代表团抵离、接待、住宿、交通、比赛、卫生等工作，他们坚持在岗位上通过优质的志愿服务和暖心暖情的微笑服务，让各国参赛人员感到宾至如归，展现阳光、富强、开放的国家形象。

北京2022年冬奥会、冬残奥会志愿服务保障工作中志愿者的工作覆盖面广、涉及人员众多，为保证场馆安全、平稳运行，本着“不耽误任何一项工作，不落下任何一名志愿者”的服务原则，志愿者团队在前期部署工作时设立了宣传联络、保障激励两大专项工作组，严格组内管理体系，每项工作责任到组，由组长全面负责相关工作。在场馆服务期间，宣传联络组始终坚持引导志愿者展现中国风采，切实增强志愿者的归属感及荣誉感。在运行期间，为加强对志愿者的管理与关心关怀，切实做到联络到每位志愿者，以领域为单位建立联络组，将领域内的学生骨干设置为骨干联络人，以骨干联络人为重要抓手，骨干联络人实时掌握领域内志愿者工作动态、困难及问题，发现问题及时上报，由志愿者经理助理收集后上报至志愿者经理，给予有效解决。组织志愿者团队加强开展宣传工作，向外界展示中国青年志愿者的精神风貌和青春风采，全面、生动、立体地讲好中国青年志愿者热情服务的故事。赛事期间累计推送百余篇文章，设置志愿者日记、志愿者每周Plog、志愿者每周Vlog、志愿者好人好事等专题，制作志愿者专题系列视频“冬奥村直通车”。

保障激励组为确保场馆工作的志愿服务安全平稳运行，做好志愿者在岗位上的服务保障工作，充分考虑志愿者的各方面需求，全面、有序地开展了多项保障激励工作。建立临时辅导员制度。从志愿者中挑选一批经验丰富的兼职辅导员，作为志愿者赛时临时辅导员，以帮助志愿者解决实际问题，保障志愿者身心健康。发放冬奥物资。建立高效、规范的物资清点、发放、签领流程，面向志愿者发放激励物资共 22 类、万余件次。保障学业。协调学校教务部门提出“一生一策”的学业保障方案，通过线上课堂、线上考试等途径保障志愿者服务、学业两不误。

此外，为记录全体志愿者每日上岗情况、工作情况，以数据为支撑，突出志愿者工作特色与亮点，做好志愿者工作的日常统计，场馆志愿者运行团队坚持每日向北京冬奥组委、场馆运行团队双报告，通过微信小程序“志愿云”上的场馆志愿者每日数据申报模块，向北京冬奥组委报告当日志愿者上岗人数、班次等信息，报告前一日工作总结、当日工作情况、后一日工作计划等信息，实现信息共享和数字化管理。

二、城市服务

北京 2022 年冬奥会、冬残奥会城市志愿者总计约 63 000 人，其中负责竞赛场馆周边志愿者约 2 700 人、2022 北京新闻中心志愿者约 300 人、集结疏散志愿者约 1 200 人，非竞赛场馆周边志愿者、城市志愿服务站志愿者、冬奥冰雪运动场所志愿者、重点社区（村）志愿者、助残服务志愿者和文明交通志愿者约 58 800 人。

城市志愿者主要工作参与和承担城市运行保障工作，其主要工作内容为人员引导、信息咨询、语言服务、文明宣传、应急救助、文化传播、环境保障、共建平安、助残服务等。

在场馆周边，做好赛时奥运场馆安保封闭线外围及周边区域的服务，协同场馆运行团队做好场馆“最后一公里”相关工作。在重点区域，在冬奥组委认定的冬奥文化广场，以及重要交通枢纽、商业网点、旅游景点、医疗机构、住宿酒店等，开展城市志愿服务工作。在各相关街道（乡镇），主要服务冬奥会和冬残奥会北京赛区、延庆赛区涉及的“五区、四线、三周边”（即：奥林匹克中心区域、首体区域、五棵松区域、冬奥组委区域、延庆小海坨区域；冬奥进京联络线、冬奥场馆联络线、冬奥活动场所联络线、冬奥火炬传递路线；冬奥冰雪运动场所周边、冬奥文化旅游场所周边、冬奥配套服务场所周边），协助保障赛时城市环境。

主办方全力做好北京2022年冬奥会、冬残奥会城市志愿者的保障激励工作，充分体现人文关怀，保障志愿者合法权益。指挥部负责对设施、装备、物资进行统一管理，为加入“志愿北京”平台城市志愿服务项目的志愿者提供人身意外伤害保险。各成员单位负责对装备物资进行制作，并负责提供志愿者的餐饮、交通、安全防护、防寒保暖等其他方面的保障，协调相关单位为志愿者提供休息场所。

三、驻地保障

北京2022年冬奥会和冬残奥会场馆分布在3个赛区，分别是北京赛区、延庆赛区和张家口赛区，为了应对空间距离和时间跨度问题，延庆赛区和张家口赛区的志愿服务采用“全日制”管理工作方法，也就意味着在原有志愿服务工作环节基础上，还要保障志愿者在服务地的衣食住行，特别是要加强对志愿者的住宿管理，形成大型赛会驻地保障体系，组成志愿者服务保障专班（以下简称驻地专班）。

北京 2022 年冬奥会和冬残奥会志愿者驻地保障大体分为 3 个阶段：筹备期、保障期、移出期。每个阶段中心任务和目标均有所不同，驻地专班审时度势，根据不同阶段工作特点和要求，及时调整人员队伍、运行模式、重点工作，确保各阶段工作顺利开展。

为适应赛时高效运转的工作节奏，驻地专班根据赛事工作重心的变化，不断调整区域分配、工作模式和人员力量。北京 2022 年冬奥会和冬残奥会期间，驻地分为闭环和非闭环两个区域，实行驻地内双环管理、驻地外应急保障的内外联动工作模式。进入转换期后，调整为移出区、闭环区和非闭环区 3 个区域，实行驻地内 3 区域管理、驻地外应急保障的内外联动工作模式。驻地专班人员分为两支队伍，一大队人马在驻地内开展各项基础保障、宣传、教育、现场处置等工作；另一支小分队在驻地附近“安营扎寨”，负责调度协调、外围保障、信息对接、机动备勤、应急处置等工作。驻地人员里应外合，各个区域各司其职，赛时工作机制有效运转，安全高效地完成了志愿者入驻、转换期搬家、志愿者移出等工作任务。

北京 2022 年冬奥会和冬残奥会志愿者“全日制”管理，积累了大型赛会驻地保障的宝贵经验。

一是顶层设计严密周全，需要集思广益反复推演。指挥部多次前往志愿者来源高校开展调研，了解志愿者需求，突出思想引导，强化服务导向，为志愿者提供多功能场所，对接心理服务团队，编制服务保障工作手册、团建激励活动菜单，制定党团活动方案，打造精准化的优质服务，确保志愿者在长达70余天的服务期内身心健康。多方联动，对赛时状态下日常工作与应急处突同步推演。梳理出30余个与志愿者密切相关的可能性突发事件，从事件性质、紧急程度、出现可能性和可控程度4个维度，制定标准化处置程序，确保驻地日常有条不紊、突发临危不乱。

二是落实落细规划设想，千方百计地解决问题。志愿者入驻后，建立驻地专班、驻店小组、高校、酒店4方协调应急处置机制，针对志愿者在防疫安全、防寒保暖、餐饮住宿、心理疏导等方面的问题，协调酒店及驻店小组解决反馈，跟踪问效，形成问题处置闭环。在处理问题时，无论问题大小、反映人多少，都能及时关注、灵活处理，经调查后给予处置及回应。

三是抓住重大任务保障契机，做好思政教育工作。驻地专班一直把冬奥会志愿服务当作大学生思政教育的重要实践平台，利用好服务冬奥重大活动契机，将思政教育贯穿于服务全过程，压实高校主体责任，发挥党团组织作用，上好冬奥“大思政课”。赛前，成立专班临时党支部、驻地临时党总支，以组织力催生凝聚力、战斗力。赛时，结合冬奥会开幕、春节、元宵节等重大事件、重要时间节点开展党团教育活动，上好爱国主义教育课、体验式思政课和新时代团课。同时，加强宣传报道，不断发掘志愿者工作亮点和特色做法，展示志愿者的良好形象，增强志愿者的获得感。赛后，做好总结传承和成果转化，将重大活动形成的宝贵精神财富转化为服务青少年成长成才的强大动力，引导广大青年用实际行动践行“请党放心，强国有我”的誓言。

第四节　北京 2022 年冬奥会和冬残奥会志愿服务后期总结

一、总结与表彰

北京 2022 年冬奥会和冬残奥会指挥部为全面梳理志愿者运行情况，总结特色与亮点，发现缺点与不足，承前启后，全面总结了志愿者服务北京 2022 年冬奥会和冬残奥会相关工作，撰写了志愿者总结鉴定表；同时积极总结志愿服务领域工作，充分挖掘服务冬奥会和冬残奥会期间志愿者的典型事迹，做好宣传和表彰工作，收集北京 2022 年冬奥会、冬残奥会志愿者个人事迹及感想千余例。

2022 年 4 月 8 日上午，北京 2022 年冬奥会、冬残奥会总结表彰大会在人民大会堂隆重举行。中共中央总书记、国家主席、中央军委主席习近平出席大会并发表重要讲话。习近平强调，伟大的事业孕育伟大的精神，伟大的精神推进伟大的事业。北京冬奥会、冬残奥会广大参与者珍惜伟大时代赋予的机遇，在冬奥申办、筹办、举办的过程中，共同创造了北京冬奥精神。北京冬奥精神就是胸怀大局、自信开放、迎难而上、追求卓越、共创未来。我们要大力弘扬北京冬奥精神，以更加坚定的自信、更加坚决的勇气，向着实现第二个百年奋斗目标奋勇前进，向着实现中华民族伟大复兴的中国梦奋勇前进。

2022 年 4 月 21 日，北京 2022 年冬奥会和冬残奥会城市志愿者（北京市）指挥部召开总结大会，传达学习贯彻习近平总书记在北京 2022 年冬奥会、冬残奥会总结表彰大会上的重要讲话精神，回顾历程，总结经验，认定了一批优秀城市志愿者，进一步激励全市各级各类志愿服务组织、广大志愿者和志愿服务工作者立足新时代，奋进新征程，续写“双奥之城”的荣耀。共认定丁伟等 6 757 名城市志愿者为北京 2022 年冬奥会和冬残奥会优秀城市志愿者。北京市和河北省志愿者派出高校也举办了形式多样的表彰活动。

二、保留转化

北京 2022 年冬奥会和冬残奥会纪念设施转化保留，纪念广大志愿者对活动和城市发展作出的积极贡献，激励志愿者更加忘我地参与到构建和谐社会、促进志愿服务发展的伟大事业中来。通过在各区县文化广场、公园、校园、社区等地修建雕塑、志愿墙、纪念碑等方式，建立起各种具有不同艺术表现形式的志愿者永久纪念设施，以彰显广大志愿者对北京 2022 年冬奥会和冬残奥会以及城市发展所作的贡献。开辟关于北京 2022 年冬奥会和冬残奥会志愿服务工作的专门展厅。存放北京 2022 年冬奥会和冬残奥会志愿服务所涉及的各类标识、物品、资料等，未来将常年向青少年、广大市民开放展示，成为北京宣传和推广奥林匹克教育及志愿服务精神、理念的新阵地。

保留城市志愿者服务站是大型活动物质成果转化的重要组成部分。在大型活动结束后，举办地将活动期间用于服务观众和游客的城市志愿者服务站固定下来，实现其常态化运营服务。北京市在北京2022年冬奥会和冬残奥会结束后，将北京2022年冬奥会和冬残奥会城市志愿者服务站固定下来，使其成为志愿者服务市民、服务社会的阵地。未来将提供交通指引、语言翻译、信息查询、应急救援、旅游购物向导等服务。

总结和转化大型活动在志愿者管理和志愿项目运行方面的经验，将其应用到日常的志愿服务管理工作中，也是非常重要的成果转化形式。北京2022年冬奥会和冬残奥会后，北京进一步建立起志愿服务的一系列常规制度与统一标准，实现志愿服务工作的规范化、常态化、科学化运行。北京2022年冬奥会和冬残奥会志愿服务经验，特别是驻地保障、闭环管理等特色工作为今后大型赛会的举办提供重要参考。

北京2022年冬奥会和冬残奥会结束后，北京保留了志愿者工作专家队伍，进一步组成了北京志愿服务工作特别是大型赛会志愿服务工作的专家顾问团，为北京志愿服务事业发展提供智力支持和保障。北京2022年冬奥会和冬残奥会期间，志愿者管理人才也被吸纳到北京市志愿者联合会等机构中，成为推进北京志愿服务工作管理的核心力量。赛会及专业志愿者被组织为北京志愿者工作专业队伍，丰富了专业志愿者人力资源库，推进了北京志愿服务的专业化进程。